AF746188

www.ingramcontent.com/pod-product-compliance
Lightning Source LLC
LaVergne TN
LVHW010834051026
849532LV00007B/2704
* 9 7 8 9 3 6 9 0 8 1 5 5 4 *

عالمی اُفقِ فکر

(علمی و تحقیقی مضامین)

پروفیسر محمد مجیب

Aalami Ufuq-e-Fikr (Literary Essays)

by: Mohammad Mujeeb

Edition: February '2026

Publisher :

Taemeer Publications LLC (Michigan, USA / Hyderabad, India)

ISBN 978-93-6908-155-4

کتاب : **عالمی اُفقِ فکر**

مصنف : **پروفیسر محمد مجیب**

صنف : تحقیق و تنقید

ناشر : تعمیر پبلی کیشنز (حیدرآباد، انڈیا)

سالِ اشاعت : ۲۰۲۶ء

صفحات : ۱۰۰

سرورق ڈیزائن : تعمیر ویب ڈیزائن

فہرست

پیش لفظ

پروفیسر محمد مجیب بیسویں صدی کے اُن کم یاب اہلِ فکر میں سے ہیں جن کے یہاں تاریخ، تہذیب، فلسفہ، ادب اور سماج ایک ہی شعور کے مختلف رخ بن کر سامنے آتے ہیں۔ آکسفورڈ کی علمی فضا، جرمنی کے فکری تجربات، جامعہ ملیہ اسلامیہ کی تعمیر و ترقی اور برصغیر کے سیاسی و تہذیبی دَورانئے—یہ سب ان کی شخصیت میں جمع ہو کر ایک ایسے مؤرخ و ادیب کو جنم دیتے ہیں جو ماضی، حال اور مستقبل کو ایک ہی نظر سے دیکھنے کی صلاحیت رکھتا ہے۔ وسیع مطالعہ، گہری مشاہدہ نگاہ اور زبان پر غیر معمولی قدرت نے ان کی تحریر کو وہ وقار بخشا جس کی مثال اردو نثر میں کم ملتی ہے۔

زیرِ نظر کتاب "عالمی اُفقِ فکر" پروفیسر محمد مجیب کے نو منتخب مضامین پر مشتمل ہے جو قاری کے سامنے انسانی تہذیب اور فکری روایت کا ایک ہمہ گیر نقشہ کھولتے ہیں۔ "دنیا کی کہانی" میں انسان کی اجتماعی تاریخ کو نہ خشک واقعات کی فہرست کے طور پر بیان کیا گیا ہے، نہ محض فتوحات و شکست کی داستان کے طور پر؛ بلکہ یہ

مضمون انسانی جستجو، علم، طاقت، عقیدے اور معاشرتی ارتقاء کی ایسی جامع تصویر پیش کرتا ہے جو قاری کے ذہن میں تاریخ کو زندہ تجربہ بنا دیتی ہے۔

"تہذیب" اور "تہذیب کیا ہے؟" دو الگ مگر باہم مربوط مضامین ہیں۔ پہلے میں تہذیب کو محض ظاہری رنگ و روپ، عمارتوں، لباس یا رسوم کے مجموعے کے طور پر نہیں بلکہ انسانی رویّوں، اقدار، تعلقات اور اجتماعی ذمہ داری کے شعور کے طور پر سمجھایا گیا ہے۔ دوسرے مضمون میں وہ سوال اٹھاتے ہیں کہ تہذیب کو ناپنے کا معیار کیا ہو سکتا ہے؟ مادی ترقی، علمی پیش رفت، سیاسی طاقت، یا انسانوں کے باہمی سلوک کا معیار؟ مجیب صاحب نہ جذباتی اعلانیہ دیتے ہیں، نہ جلد بازی میں فیصلے؛ بلکہ قاری کو سوچنے اور اپنے طور پر نتیجہ اخذ کرنے کی دعوت دیتے ہیں۔

"دنیا کی پہلی تہذیبیں" میں وہ قدیم انسانی معاشروں—بین النہرین، مصر، وادیٔ سندھ اور دیگر آبادیوں—کے حوالے سے یہ دکھاتے ہیں کہ تہذیب کی بنیاد ہمیشہ انسان کی ضرورتوں اور خوف، امید اور جستجو کے امتزاج پر قائم رہی ہے۔ یہاں قدیم تاریخ محض ماضی کی خبر نہیں رہتی، ہمارے اپنے دور کا آئینہ بن جاتی ہے۔

"مشرق و مغرب" میں پروفیسر مجیب اُس دوئی کو نئے زاویے سے دیکھتے ہیں جس نے صدیوں سے ذہنوں کو تقسیم کر رکھا ہے۔ ان کے نزدیک مشرق اور مغرب محض جغرافیائی خطے یا مذہبی و تہذیبی خانوں کے نام نہیں، بلکہ دو مختلف تاریخی تجربات اور ذہنی رویّوں کے عنوان ہیں، جن میں ٹکراؤ کے ساتھ ساتھ

مکالمے اور اشتراک کے امکانات بھی پوشیدہ ہیں۔ اسی تناظر میں "سیکولرازم اور تصوف" اور "تصوف ہندوستان میں" جیسے مضامین معنوی تسلسل پیدا کرتے ہیں، جہاں ایک طرف جدید ریاستی اور سماجی تصورات زیرِ بحث آتے ہیں، تو دوسری طرف برصغیر کے صوفیانہ مزاج، رواداری، روحانیت اور کثرت میں وحدت کے تجربات کو سمجھنے کی کوشش کی جاتی ہے۔ یہاں مجیب صاحب نہ یک رُخی مدح کرتے ہیں نہ اندھی مخالفت، بلکہ سیکولر فکر اور تصوف دونوں کے امکانات اور حدود کو متوازن انداز میں سامنے لاتے ہیں۔

"ترجمان کا منصب" ایک ایسے موضوع پر نہایت سنجیدہ اور ضروری گفتگو ہے جسے عموماً محض فنی مسئلہ سمجھ لیا جاتا ہے۔ پروفیسر مجیب بتاتے ہیں کہ مترجم دراصل دو زبانوں کے درمیان پل ہی نہیں، دو تہذیبوں اور دو ذہنی دنیاؤں کے درمیان رابطے کی نازک ذمہ داری بھی نبھاتا ہے۔ الفاظ کے پسِ منظر، محاوروں، تاریخی اشاروں اور فکری تناظر کو سمجھ کر ہی اصل متن کی روح کو دوسری زبان میں منتقل کیا جا سکتا ہے؛ ورنہ ترجمہ صرف لفظوں کی منتقلی رہ جاتا ہے، معنی کی نہیں۔

آخری مضمون "ادب اور ادیب کا مقصد" اس مجموعے کا فکری حاصل کہا جا سکتا ہے۔ یہاں پروفیسر مجیب ادب کی تعریف کو محض تفریح، جذباتی تسکین یا خوب صورت نعرے تک محدود نہیں رکھتے، بلکہ وہ ادب کو انسان اور اس کے عہد کے درمیان ایک سنجیدہ مکالمہ قرار دیتے ہیں۔ ان کے نزدیک ادیب کا کام وعظ کہنا یا کسی مخصوص نظریے کی پرچار کرنا نہیں، بلکہ اپنے عہد کی سچائیوں کو دیانت داری کے ساتھ بیان کرنا، انسانی تجربے کی گہرائی اور پیچیدگی کو فن کے ذریعے روشن کرنا

ہے۔ وہ ادب کو ذمہ داری سے جوڑتے ہیں، مگر اس ذمہ داری کو جمالیاتی سطح سے منقطع نہیں ہونے دیتے۔

"عالمی اُفقِ فکر" دراصل پروفیسر محمد مجیب کے فکری سفر کے مختلف پڑاؤ کا منتخب آئینہ ہے۔ یہاں تاریخ بھی ہے، تہذیب بھی، مذہب بھی، سیاست بھی اور ادب بھی—مگر سب اپنے اپنے خانے میں بکھرے ہوئے نہیں، ایک ہی بڑے فکری افق پر جمع ہیں۔ اس کتاب کے مضامین قاری کو محض معلومات نہیں دیتے، اسے اپنے زمانے، اپنے معاشرے اور اپنی داخلی دنیا کے بارے میں نئے سوالات اٹھانے پر آمادہ کرتے ہیں۔ یہی اس مجموعے کی سب سے بڑی خوبی اور اس کا اصل جوازِ وجود ہے کہ وہ ہمیں عالمی افق پر کھڑے ہو کر فکر کے نئے زاویے دیکھنے کی دعوت دیتا ہے۔

ا

دنیا کی کہانی

دنیا کی کہانی ایک عجیب داستان ہے کہ جس کی زبانی بیان ہو اسی کے مطلب کی ہو جاتی ہے۔ وہ بہت لمبی ہے اور بہت چھوٹی بھی، بہت سیدھی سادی اور بہت الجھی ہوئی بھی۔ وہ ہمیں دلاسا بھی دیتی ہے اور اداس بھی کرتی ہے، لبھاتی بھی ہے اور ڈراتی بھی ہے۔ وہ ان کہانیوں کی طرح ہے جنہیں بچے ضد کر کے رات کو سونے سے پہلے سنتے ہیں اور سنتے سنتے سو جاتے ہیں۔

وہ کہیں سے شروع نہیں ہوتی اور کہیں پر ختم نہیں ہوتی۔ اس میں جو سچی باتیں ہیں وہ کہانی معلوم ہوتی ہیں اور بہت سی باتیں جنہیں ہم سچ سمجھتے ہیں، جی بہلانے کے قصے ہیں۔ وہ ہم میں سے ہر ایک کی آپ بیتی بھی ہو سکتی ہے اور ایک تماشا بھی کہ جس میں آدمی کی صورت کی بس ایک جھلک سی دکھائی دیتی ہے، ایسی کہ ہم کہہ نہیں سکتے کہ اسے دیکھا یا نہیں دیکھا۔

تو میں اس کہانی کو، جس کا سرا کہیں نہیں ملتا، کہاں سے شروع کروں؟ اس وقت سے جب دنیا پیدا ہوئی؟ یعنی کب سے؟ بچوں کو تو ہم سمجھا دیتے ہیں کہ اس دنیا کو خدا نے بنایا۔ کب بنایا؟ کیسے بنایا؟ کیوں بنایا؟ یہ ہم نہیں بتاتے، اس لیے کہ

ہم خود جانتے نہیں۔ لیکن ہر زمانے میں عقل مند لوگ اپنی لاعلمی کو چھپانے اور کم سمجھ والوں کی تسکین کے لیے کوئی نہ کوئی دلچسپ کہانی سنا دیتے ہیں، سنسار کے بھیدوں پر کوئی ایسا خوبصورت پردہ ڈال دیتے ہیں کہ ہم پردے کو دیکھتے رہ جائیں اور یہ پوچھنا بھول جائیں کہ اس کے پیچھے کچھ ہے بھی یا نہیں۔

آج کل کے عالم کہتے ہیں کہ ہماری دنیا پہلے ایک آگ کا گولا تھی، اس آگ کا نہیں جو ہمارے گھروں میں جلتی ہے، اس آگ کا بھی نہیں جو ہمارے دلوں کو گرم رکھتی ہے اور کبھی کبھی جلا کر بھسم کر دیتی ہے۔ یہ ایک اور ہی آگ تھی جو بن جلائے جلی اور بن بجھائے بجھ گئی۔ شاید یہ وہ چیز تھی جسے ہم بجلی کہتے ہیں، شاید نہیں تھی۔ لیکن کبھی نہ کبھی دنیا آگ کا گولا تھی ضرور، کیونکہ ہمیں ایسے ہی لاکھوں اور کروڑوں آگ کے گولے آسمان میں چکر کھاتے دکھائی دیتے ہیں اور ہماری زمین پر اب بھی آتش فشاں پہاڑ جب چاہتے ہیں دہکتی آگ اگل دیتے ہیں یا زمین کے اندر سے کھولتے پانی کے چشمے پھوٹ نکلتے ہیں۔ دوسرے آگ کے گولے جو دنیا سے بہت بڑے اور بہت زیادہ پرانے ہیں، اب تک آگ ہی آگ ہیں۔ دنیا میں یہ آگ، پانی اور زمین کیوں بن گئی، یہ ہمیں نہیں معلوم، بس ہماری قسمت میں کچھ یہی لکھا تھا۔

ہاں، تو پھر ایک وقت آیا جب دنیا سرد پڑ گئی، بھاپ اور دوسری گیسیں پانی ہو گئیں، جو زیادہ ٹھوس حصہ تھا وہ چٹان بن گیا۔ یہ سب ہوا کب؟ آج کل کے عالم زمین کی ساخت سے، چٹانوں اور دھاتوں سے کچھ حساب لگا سکتے ہیں۔ لیکن یہ حساب سنکھ دس سنکھ برس کے بھی آگے نکل جاتا ہے اور ہم ایسے ہیں کہ کل پرسوں

کی بات بھی بس یونہی سی یاد رکھتے ہیں۔ بیچارے آدمی کی کھوپڑی میں سائنس کا یہ حساب سمانہیں سکتا، اور جب سمانہیں سکتا تو اسے یہ حساب بتانے سے فائدہ کیا؟

لیکن عقل مندی بھی ایک چیز ہے اور شاید یہ بھی ایک طرح کا علم ہے کہ جس میں آدمی کہہ سکے کہ میں جانتا ہوں مگر سمجھتا نہیں، اس لیے کہ میری سمجھ چھوٹی ہے اور علم بہت بڑا۔ میں اپنے چلو سے اس سمندر کو ناپ نہیں سکتا تو نہ سہی، پر میں جانتا تو ہوں کہ اس میں کتنے چلو پانی ہے اور کوئی میرے حساب کو غلط ثابت نہیں کر سکتا۔ سائنس کا حساب بالکل چوکس ہے، فرق نکلا تو کروڑ دس کروڑ کا ہو گا اور ہو کوئی بات نہیں۔ لیکن کہنے والا کہہ سکتا ہے کہ ایسا حساب کتاب کرنے والوں سے وہ لوگ زیادہ سمجھتے اور زیادہ جانتے ہیں جن کا یہ ایمان ہے کہ اس دنیا جہان کو خدا نے بنایا اور اس کا ہر ذرہ اس کی قدرت کا کرشمہ ہے اور اب تو وہ سائنسداں بھی جو اپنے علم کو ایک ڈھکوسلا نہیں بنانا چاہتے، کہتے ہیں کہ ہمارا حساب کا طریقہ ایک خاص حد کے آگے کام نہیں دیتا، ہم اپنے علم سے نہ یہ ثابت کر سکتے ہیں کہ سورج، چاند، تارے اور ہماری یہ دنیا خود بخود پیدا ہو گئی نہ یہ کہ اسے کسی نے پیدا کیا۔

دنیا جب سرد پڑ گئی تھی تو کہیں سے سمندر کی تہہ میں زندگی کا بیج پہنچ گیا۔ وہاں وہ پھٹا اور پھلا پھولا۔ لاکھوں کروڑوں برس میں طرح طرح کے بھیس بدلے، آہستہ آہستہ یعنی وہی لاکھوں کروڑوں برس میں اس نے پودوں اور کیڑوں کی صورت میں خشکی کی طرف قدم بڑھایا۔ پانی کے بغیر، یعنی سانس لے کر زندہ رہنے کی صلاحیت پیدا کی۔ پودے اونچے ہونے لگے اور سر اٹھا کر آسمان کی طرف لپکے۔ جو کیڑے تھے وہ مچھلی بن کر تیرے، اتھلے پانی میں پاؤں کے بل چلنے لگے۔ خشک

زمین پر رینگنا شروع کیا، ہوا میں پرند بن کر اڑے، چوپاؤں کا روپ لے کر دوڑنے پھرنے لگے۔

کہتے ہیں کہ اتھلے پانی اور خشکی میں زندگی نے جو یہ ابتدائی شکلیں پائیں وہ بڑی بھیانک تھیں۔ چالیس پچاس فٹ لمبے مگرمچھ، بیس بیس ہاتھ اونچے ہاتھی، کسی جانور کی گردن اتنی لمبی کہ ہوا میں اڑتے پرندوں کو پکڑ لے، کسی کا منہ اتنا بڑا کہ آجکل کی گائے بھینس کو نگل جائے اور ڈکار نہ لے۔ ایک جانور کی ہڈیاں ملی ہیں جو منہ سے دم کے سرے تک سو فٹ سے زیادہ لمبا ہوگا۔

ان جانوروں کو جو نام دیے گئے ہیں وہ بھی ایسے ہی بھیانک ہیں۔ برنٹو سورس (BRONTO SAURUS)، اکتھیو سورس (ICHTHYO SAURUS)، میگیلو سورس (MEGALO SARUS) وغیرہ۔ لیکن دنیا کو شاید اپنی یہ اولاد پسند نہ تھی، یا یہ جانور بڑھتے بڑھتے ایسے بے ڈول ہوگئے کہ زندہ رہنا دشوار ہو گیا۔ بہرحال وہ غائب ہو گئے اور جب تک آج کل کے سائنسدانوں کو ان کی ہڈیاں نہیں ملیں کسی کو پتا بھی نہ تھا کہ ایک زمانے میں ایسے دیو اور اژدہے ہماری دنیا میں آباد تھے۔

خشکی پر ان بڑے جانوروں کے بعد جو نئے نمونے نظر آئے وہ تھے تو ایسے ہی ڈراؤنے مگر ان میں آج کل کے جانوروں کی طرح یہ صفت تھی کہ وہ اپنے بچوں کو شروع میں دودھ پلا کر پالتے تھے۔ ایسے جانور شاید اس لیے کہ وہ غولوں میں رہتے تھے، ماں باپ کو اولاد سے محبت تھی اور وہ اپنے بچوں کی حفاظت کرتے تھے، پہلی قسم کے جانوروں سے زیادہ سخت جان نکلے اور دنیا کی مصیبتوں کو جھیل لے گئے۔

پھر بھی ان کی بہت سی قسمیں مر مٹیں، جو باقی بچیں ان کے بھی جسموں میں ایسی تبدیلیاں ہوتی رہیں کہ وہ موسم کی سختیوں کو زیادہ اچھی طرح برداشت کر سکیں اور دوسرے جانوروں سے اپنی جان بھی بچا سکیں۔

اسی طرح ترقی کرتے کرتے جانوروں کی ایک قسم نے ایسی شکل پائی ہو گی جو آدمیوں کی شکل سے کچھ ملتی ہو گی۔ جانوروں کی اس قسم کو آسانی کے لیے ہم مانس کہہ سکتے ہیں۔ ان بن مانسوں نے چار پیروں کی جگہ دو پیروں سے چلنا سیکھا اور اگلے دو پیروں سے پکڑنے، اٹھانے اور پھینکنے کا کام لینے لگے۔ قدرت نے ان کی مدد کی اور ان کے اگلے دو پیر پنجوں کی طرح ہو گئے۔ ان کی زبان بھی کچھ کھل گئی اور وہ دوسرے جانوروں سے بہت زیادہ ہوشیار ہو گئے۔

یہ سب ہزاروں برس میں ہوا اور پھر کہتے ہیں کہ دنیا کی آب وہوا بدلی، وہ ایسی ٹھنڈی پڑی کہ اس کا بہت سا حصہ برفستان ہو گیا اور برف کے کھسکتے اور پھسلتے پہاڑوں نے سب کچھ اپنے تلے روند ڈالا۔ پھر گرمی آہستہ آہستہ بڑھی۔ برفستان پگھل کر سمندر ہو گئے اور زندگی پھر ابھری اور پھیلی، اس طرح چار مرتبہ ہوا اور اس وقت زمین میں کئی سو گز نیچے تک ہمیں جو کچھ ملتا ہے وہ انہیں گرمی اور سردی کے پھیروں کی داستاں سناتا ہے۔ اس زمانے میں آپ سمجھ سکتے ہیں کہ بن مانسوں کا برا حال ہوا ہو گا۔ ان میں سے بعض کی ایک دو ہڈیاں برف کے نیچے اور جانوروں کی ہڈیوں کے ساتھ دفن ہو گئیں اور اب زمین کے اندر بہت دور پر ملی ہیں، جس سے ہم اندازہ لگا سکتے ہیں کہ وہ کتنے کروڑ یا لاکھ برس پہلے آباد تھے اور ان کے زمانے میں زمین کی صورت کیا تھی۔

لیکن انہوں نے اسی دوران میں شاید دو چار باتیں سیکھ لی تھیں جو بہت کام کی تھیں۔ کہیں جنگلوں کو جلتے دیکھ کر انہوں نے پتا لگالیا تھا کہ آگ کیسے جلاتے ہیں اور پھر وہ اپنی کھوہوں اور غاروں میں آگ جلا کر تاپنے لگے اور اس میں جانوروں کا گوشت اور شاید چند پھلوں اور جڑوں کو بھوننے لگے۔ وہ پتھروں کو گھس کر ان سے پھونکنے چھیلنے اور کاٹنے بھی لگے اور اس نے ان کی زندگی کو کچھ اور آسان کر دیا۔ آج کل کا علم ہمیں بتاتا ہے کہ ہم انہی بن مانسوں کی اولاد ہیں اور جیسے جانور ترقی کرتے کرتے بن مانس ہوئے تھے ویسے ہی بن مانس آدمی ہو گئے۔

لیکن آج کل کا علم ان بن مانسوں کی کسی ایک قسم سے ہمارا رشتہ نہیں جوڑتا۔ ہیں تو ہم ایک ہی تھیلی کے چٹے بٹے لیکن ہم جس خاص نمونے پر بنے ہیں اس کی پہلی مثالیں ابھی تک نہیں ملی ہیں۔ جاوا میں ایک جگہ پر ایک کھوپڑی کے اوپر کا حصہ، تھوڑے سے دانت، اور جبڑے کی ہڈی ملی ہے، یہ ایک ایسے جانور کی ہڈیاں معلوم ہوتی ہیں جس کا بھیجا بندر کے بھیجے سے کچھ بڑا تھا۔ یعنی اس کی عقل بندروں سے کچھ زیادہ تھی جو دو پیروں پر کھڑا ہو سکتا تھا اور دوڑ سکتا تھا اور اس لیے وہ اپنے ہاتھوں سے کام لے سکتا تھا۔

جرمنی کے ایک شہر ہائیڈل برگ کے قریب اسی (۸۰) فٹ کی گہرائی پر جبڑے کی ایک ہڈی ملی اور بنانے والوں نے اس پر غور کرتے کرتے ایک جانور بنایا ہے، جو اس جانور کے مقابلے میں جس کی ہڈیاں جاوا میں ملی ہیں، آدمی سے زیادہ ملتا ہے۔ مگر نہیں آدمی یہ بھی نہیں۔ بس اس کے دانت ایسے ہیں جن کی مثال جانوروں میں نہیں پائی جاتی، وہ کسی طرح کے آدمی ہی کے ہو سکتے ہیں۔ اس کے

علاوہ انگلستان کے ضلع سسکن میں ایک کھوپڑی کے ریزے اور ٹکرے اور جبڑے کی ہڈی اتفاق سے ہاتھ لگی ہے۔ اس کی مدد سے بھی ایک شکل بنائی گئی ہے۔ میں یہ نہیں کہہ سکتا کہ آدمی کی یا بندر کی، اس لیے کہ شکل بنانے والے خود فیصلہ نہیں کر سکے ہیں۔ بہر حال وہ ایک طرح کے بن مانس کی شکل ہے، آدمی سے اس کا کتنے قریب کا دور کا رشتہ تھا، اس کا ہم ٹھیک سے اندازہ نہیں کر سکتے۔

ہڈیوں سے آدمی بنانے کا جو یہ فن ہے، اس کے عالم کہتے ہیں کہ ہم جیسا کہ چاہئے تلاش بھی نہیں کر سکے ہیں۔ ابھی تک صرف یورپ اور امریکہ میں لوگوں کو اس مسئلے سے دلچسپی ہوئی ہے۔ یہ دنیا کے ایسے حصے ہیں جہاں ہمیشہ سے سردی زیادہ رہی ہے اور شروع میں آدمی کو ایسی جگہ زندگی بسر کرنے میں بے انتہا دشواریاں ہوئی ہوں گی۔ تلاش کرنے کی جگہیں اصل میں جنوبی اور جنوب مغربی ایشیا، افریقہ، جنوبی امریکہ، آسٹریلیا وغیرہ ہیں اور یہاں ابھی بہت کم کام ہوا ہے، یا بالکل ہی نہیں۔ یہاں اگر کافی شوق اور محنت سے کھوج کی جائے تو ہمیں ضرور ایسے آثار ملیں گے جن سے ہمارے علم کی کمی پوری ہو جائے گی اور آدمی اور جانور کا رشتہ ثابت اور مضبوط ہو جائے گا۔

اب ایک بڑی مشکل بحث یہ ہے کہ عالم جو آدمی کو بن مانس کا سگا بتاتے ہیں اور وہ مذہب جو آدمی کو آدم کی اولاد ٹھہراتے ہیں اور آدمی کی کہانی اس وقت سے شروع کرتے ہیں جب حضرت آدمؑ جنت سے نکالے گئے، یہ دونوں ایک ہی بات اپنے اپنے طریقے سے کہتے ہیں یا مختلف باتیں، جن میں سے ایک غلط اور ایک صحیح ہے۔ میرے خیال میں حجت کرنے کی نوبت نہ آئے گی، اگر ہم سمجھ لیں کہ مذہب

علم کی ایک الگ اور اعلی قسم ہے۔ اس علم کو حاصل کرنے کے ذریعہ اور ہیں اور اس کا مقصد اور۔ مذہب کو اس سے کوئی مطلب نہیں کہ کس جانور کی ہڈیاں کیسی ہوتی ہیں اور اگر وہ اس گہرائی پر اور اس تہہ میں ملیں تو اتنے زمانے کی ہیں اور اس کے اوپر ملیں تو اتنی پرانی۔

مذہب میں وقت کوئی چیز نہیں، جو کچھ ہے زندگی ہے۔ مذہب کی نگاہ زمین پر نہیں ہوتی، آسمان پر ہوتی ہے، آدمی کے جسم پر نہیں ہوتی، اس کے دل پر ہوتی ہے۔ مذہب کے لیے مطلب کی بات وہ ہوتی ہے جو آدمی کو بہتر بنائے، اس کے لیے سچ وہی ہے جو سچائی کا حوصلہ پیدا کرے۔ دراصل سچے علم اور سچے مذہب کا اختلاف نہیں ہوتا، اختلاف تو ایک طرف وہ لوگ پیدا کرتے ہیں جو بغیر علم حاصل کیے مذہبی رہنما بننا چاہتے ہیں۔ دوسری طرف وہ جو مذہب کی اصلیت کو سمجھے بغیر اپنے علم کو اس کے مقابلے پر کھڑا کر دیتے ہیں۔ یہ دونوں ایک دوسرے کی بات نہیں سمجھ سکتے۔ ہم ان کے جھگڑوں میں پڑے تو ہماری سمجھ میں بھی کچھ نہ آئے گا۔

اب سات آٹھ دس ہزار برس پہلے تک دنیا کی کہانی جو سائنس ہمیں سناتی ہے، ہماری کہانی نہیں ہے۔ اس لیے کہ اس وقت ہمارے جیسے انسان جنہیں نیکی اور بدی کا علم تھا، پیدا نہیں ہوئے تھے۔ قدرت نے کس طرح کروڑوں برس میں بناتے بناتے آدمی کی شکل بنائی، اس کا بھی ہماری آپ بیتی سے کوئی تعلق نہیں کہ ہماری آپ بیتی تو تبھی سے شروع ہو سکتی ہے جب سے ہم نے اپنے آپ کو پہچانا۔ یہ آپ خود سمجھ سکتے ہیں کہ انسانی برادری کو ایک قدیمی انسان کی اولاد بتانا زیادہ صحیح ہے یا اسے بیسیوں ایک دوسرے سے بیر رکھنے والی نسلوں میں تقسیم کرنا، فقط اس ضد میں

کہ اس قدیمی انسان کی نہ کہیں ہڈیاں ملی ہیں اور نہ کسی پتھر پر اس کا نام کھدا ہوا ملا ہے۔ سائنس یقین کے ساتھ نہیں بتلاسکتی کہ آدمیوں کی پہلی نسل کون تھی، اور کہاں تھی، تو پھر سائنس سے یہ کیوں پوچھیں کہ حضرت آدمؑ کوئی بزرگ تھے بھی یا نہیں۔

***

۲

تہذیب

وہ لوگ جن کے پاس اور سب چیزیں ہوتی ہیں، یہ فرض کر لیتے ہیں کہ ان میں تہذیب بھی ہے اور وہ لوگ جن کے پاس اور کچھ نہیں ہوتا بس اس بات پر فخر کرتے رہتے ہیں کہ ان کے پاس تو تہذیب ہے۔ وہ فنکار جس کا موضوع گفتگو صرف اپنی ہی ذات تک محدود رہتا ہے، وہ ادیب جو اپنے مکان کی زیریں منزل کی کھڑکی سے ساری دنیا کو حقارت کی نظر سے دیکھتا ہے، وہ ناقد جو ہر شخص اور ہر چیز کو ہدف ملامت بنائے رہتا ہے، اس لیے کہ ان میں سے کوئی اس کے معیار پر پوری نہیں اترتی، محفلوں میں شریک ہونے والی وہ خاتون جو اپنے دل بہلاوے کے لیے شخصیتوں یا افکار کی تلاش میں رہتی ہے، یہ سب یہ دعوی کرتے ہیں کہ ہم تہذیب کے خالق ہیں۔

آج کل ہندوستان میں تہذیب سے مراد لی جاتی ہے فنون لطیفہ اور ادب، بلکہ اس سے بھی زیادہ محفلیں جن میں فنون لطیفہ اور ادب کے بارے میں گفتگو ہوتی ہے۔ وہ لوگ جن میں زندگی کا نہ کوئی سلیقہ نمایاں ہوتا ہے، نہ ذوق، نہ لطافت، یہ بلند دعوے کرتے ہیں کہ وہ ایک ایسی تہذیب کے وارث ہیں جو ہزارہا برس سے

زندہ ہے۔ میں سب سے زیادہ جس کی تہذیب و شائستگی سے متاثر ہوا ہوں وہ ایک ہندو عورت تھی، جس سے بیس برس پہلے میری ملاقات ہوئی تھی۔ اس کی کمر میں کبھ تھا، اپنی گھر داری کے معاملات اور اپنے خاندان کے علاوہ اسے اور کسی بات سے کوئی دلچسپی نہیں تھی، لیکن جو بات بھی وہ کہتی یا جو کام بھی وہ کرتی، مجھے اس میں تہذیب و شائستگی نظر آتی تھی۔ یہ سچ ہے کہ اپنے خصوصی تعلقات کی وجہ سے مجھے حکیم اجمل خاں، ڈاکٹر مختار احمد انصاری اور ڈاکٹر ذاکر حسین جیسی شخصیتوں کو مثال بنا کر تہذیب کی تعریف و توضیح کرنی چاہئے لیکن مجھے ڈر ہے کہ ایسی مثالوں کی وجہ سے میں اور مشکل میں پڑ جاؤں گا۔

تہذیب دراصل لیاقت کا نام نہیں ہے چاہے وہ کتنی بھی ہمہ جہتی کیوں نہ ہو۔ یہ کامیابی کا نام بھی نہیں ہے کیونکہ کامیابی کی قیمت اکثر تہذیب کی قربانی دے کر چکانی پڑتی ہے۔ ہم کسی بھی تفریط یا کاٹ چھانٹ کے عمل سے تہذیب کو اور سب باتوں سے علیحدہ کرکے نہیں جان سکتے، نہ ہم ایسی خوبیاں جمع کرکے انہیں تہذیب کا نام دے سکتے ہیں جو ہمیں سب سے زیادہ لبھاتی ہیں۔ تہذیب تو ایسا معلوم ہوتا ہے کہ اپنے ہونے ہی سے پہچانی جاتی ہے، اس کا ہونا یا نہ ہونا کسی دکھاوے یا کسی خاص رویے یا مخصوص حالات زندگی پر منحصر نہیں ہے۔ یہ تو ہوتی ہی ہے یا پھر ہوتی ہی نہیں۔

تو کیا اس کا یہ مطلب ہے کہ تہذیب کوئی ایسی چیز ہے جو وراثت میں نہیں مل سکتی یا جسے کوشش کرکے حاصل نہیں کیا جا سکتا؟ ایسی بہت سی مثالیں مل جائیں گی جن سے اس بات کی تصدیق یا تردید میں جیسا جی چاہے نتیجہ نکالا جا سکتا ہے لیکن یہ

کہنا تہذیب کا ابلاغ یا ترسیل نہیں کی جا سکتی یا اس کا اکتساب نہیں کیا جا سکتا، تعلیم کے امکانات ہی سے انکار کر دینے کے مترادف ہو گا، خواہ تعلیم سے کچھ بھی مراد لی جائے اور یہ کہنا مضحکہ خیز بات ہو گی کہ کوئی انسانی وصف ایسا نہیں ہے جس کا کسی نہ کسی طور پر کسی نہ کسی اعتبار سے اکتساب نہ کیا جا سکتا ہو یا جو وراثت میں نہ مل سکتا ہو۔ بغیر تربیت اور تعلیم کے تہذیب میں تسلسل قائم ہی نہیں رہ سکتا۔ لیکن یکساں تربیت اور ایک سی تعلیم کسی بھی ایک پیڑھی یا نسل کو یکساں طور پر مہذب نہیں بنا سکتی۔ معلوم ہوتا ہے کہ تہذیب کے ہونے یا نہ ہونے میں وہی کیفیت ہوتی ہے جو اتفاق سے کسی بات کے ہو جانے میں یا نہ ہونے میں۔

یہ اتفاقی بات یا حادثہ کیسے رونما ہوتا ہے اور کیا شکل اختیار کرتا ہے؟ میں سمجھتا ہوں کہ اس کا جواب دینے سے پہلے سماجیات اور علم النفس کی بہت سی کتابوں کو ہمیں ایک طرف رکھ دینا چاہیے اور جو کچھ ان سے ہم نے سیکھا ہے اسے بھلا دینا چاہیے۔ خدا کے بعد۔۔۔ یہ میں ان لوگوں کے خیال سے کہہ رہا ہوں جو خدا کو مانتے ہیں۔۔۔ آدمی ہی کی وہ ہستی ہے جسے کم سے کم سمجھا گیا ہے اور جسے کم سے کم سمجھا جا سکتا ہے۔ میرے ذہن میں اس وقت وہ کثیر عوام نہیں ہیں جو بڑے بڑے شہروں میں اژدہام کی صورت میں ایک جگہ رہتے سہتے ہیں اور جن کا مطالعہ اور تجزیہ اس طرح کیا جا سکتا ہے جیسے وہ محض اشیا ہوں۔ میرے ذہن میں اس وقت وہ لوگ ہیں جن میں قوت ارادی ہوتی ہے اور یہ قوت بھی کہ وہ اپنے آپ کو بالکل الگ تھلگ نہیں بلکہ زندگی کے اس کھیل میں شریک رہتے ہوئے بے ہمہ ہو کر زندگی پر غور کر سکیں، جو اپنا اور دوسروں کا جائزہ لے سکیں اور ایسے غور و فکر سے وہ اپنے طور پر کوئی

نتیجہ بھی نکال سکیں۔

دوسرے لفظوں میں میں ان لوگوں کی بات کر رہا ہوں جو اصلی ہوں، ان لوگوں کی بات نہیں کر رہا ہوں جو نقلچی ہوتے ہیں چاہے ان میں کسی مشینی تہذیب کے پروردہ وہ لوگ ہوں جو اپنے آپ پر بس حیرت و استعجاب کی نظر ڈال لیتے ہیں یا وہ لوگ ہوں جو کسی ذات پات یا ایسے کسی اور سماجی نظام کے پروردہ ہوں جو اتنے طویل عرصے سے قائم ہو کہ اس کی وجہ سے تمام افراد کی اپنی اپنی انفرادیت ہی مٹ گئی ہو۔ تہذیب کے حادثے کے رونما ہونے کا امکان سب سے کم اس سماجی صورت حال میں ہوتا ہے جس میں استحکام ہو، جس میں تبدیلی کی کوئی امید (یا خوف) نہ ہو یا جہاں تبدیلی تو ہو مگر اس کا مقصد استحکام حاصل کرنا نہ ہو۔

استحکام کا مطلب ہے ایسی صورت حال جس میں کچھ اخلاقی اور سماجی اقدار کو دوام حاصل ہو، جس میں کچھ خاص خاص باتوں کو حکمیہ مان کر ان کی پابندی کی جا رہی ہو۔ تہذیب کے سلسلے میں تبدیلی کے معنی یہ ہوں گے کہ فرد کو اس بات کی آزادی ہو کہ وہ خود فیصلہ کر سکے کہ کون سی قدر زیادہ اہم ہے اور کون سی کم اور ان قدروں کو اپنا کر وہ انفرادی طور پر ان کا اظہار کر سکے۔ تہذیب اس وقت تک نصیب نہیں ہو سکتی جب تک ایسی اقدار نہ ہوں جن کا فرد احترام کرتا ہو اور جنہیں وہ اپنی شخصیت اور اپنی روزمرہ کی زندگی میں اپنا کر ان کا اظہار نہ کر سکے۔

آدمی میں تہذیب اس وقت آتی ہے جب وراثت یا تعلیم کے ذریعہ وہ اپنے لیے اقدار کا انتخاب کر سکے، جن کا وہ اپنے ذوق کے مطابق حسن وخوبی سے اظہار کرتا ہو اور وہ اس حد تک اس کی شخصیت میں رچ بس جائیں کہ ان کا اظہار

بے ساختگی سے ہو سکے۔ تہذیب میں تبدیلی کے معنی ہیں ان لوگوں کے اظہار نفس کا نیا پن جو موجود و مروج اقدار کو اپنانے کے ساتھ ساتھ یہ فیصلہ بھی کر سکیں کہ تبدیلی کی کہاں ضرورت ہے اور کہاں نہیں۔

اگر ہم تہذیب کو آرائشی خاصے یا اکتسابی لیاقت سے خلط ملط نہ کر دیں تو یہ بات صاف ہو جائے گی کہ حقیقت میں تہذیب کی ایک ہی شکل ہوتی ہے اور وہ شکل متعین ہوتی ہے عقیدے سے۔ لیکن ظاہر ہے کہ ہمیں اصلی سچے اور پکے عقیدے اور کٹرپن، رسم ورواج کی پابندی کی عادت اور ان تعصبات میں فرق کرنا ہوگا جو بقائے نفس کی خواہش سے پیدا ہوتے ہیں۔ سچے عقیدے میں تہذیب کی ساری باتیں ہوتی ہیں اور تہذیب عقیدے کی سچائی اور کھرے پن کی زندہ مثال ہوتی ہے اور یہی بات دوسروں کی نظر میں سب سے پہلے نمایاں ہوتی ہے۔

مہذب آدمی خوف سے آزاد ہوتا ہے۔ لہٰذا وہ ان تمام نفسیاتی حجابات یا موانعات سے آزاد ہوتا ہے جن کی وجہ سے ہم دوسروں کی فلاح اور خواہشوں اور دلچسپیوں یا مفادات کا احترام نہیں کر پاتے، اس میں سوجھ بوجھ ہوتی ہے، بے لاگ انداز نظر ہوتا ہے اور وہ امید کا دامن کبھی نہیں چھوڑتا۔ اس کے لیے زندگی کا مزہ اس انداز نظر میں ہے جس سے وہ دنیا کو دیکھتا ہے۔

کیا وراثت اور تعلیم سے تہذیب کے ایسے خوش آئند اتفاقات اکثر پیدا ہوتے رہتے ہیں کہ ہم یہ کہہ سکیں کہ ان سے تہذیب کا امکان لازمی طور پر پیدا ہو جاتا ہے؟ سنجیدہ لوگوں کا کہنا ہے کہ تہذیب اور تہذیبی اقدار موروثی ہو سکتی ہیں اور ان کے تحفظ اور بقا کی ذمہ داری طبقہ اشرافیہ یا عمائد و خواص پر عائد ہوتی ہے۔ اوسوالڈ

اسپینگلر تہذیبوں کے عروج وزوال کے اپنے مشہور تخلیقی جائزے میں اس نتیجہ پر پہنچا تھا کہ جہاں تک جرمنی کا تعلق ہے وہاں تہذیب کی بقا صرف ایک ہی بات کی وجہ سے تھی، وہ تھی سماج کی ایسی درجہ بندی جس میں درجوں کے اونچے ہونے کے ساتھ ساتھ ذمہ داریاں بھی بڑھ جاتی تھیں۔ ہم میں سے بہت سے لوگ غالباً غیر شعوری طور پر یہ سمجھ لیتے ہیں کہ تہذیب کا تعلق توبس طبقہ اشرافیہ میں جنم لینے یااس میں تربیت پانے سے ہے۔

یہ ٹھیک ہے کہ اچھے خاندان اور تمول کے ہونے سے ایسی خوداعتمادی کے پیدا ہونے میں کافی مدد مل سکتی ہے جو ہمیں تمام تہذیب یافتہ افراد میں نظر آتی ہے لیکن حقیقت یہ ہے کہ رائے قائم کرنے کرانے کے معاملے میں رہنمائی کرنے والوں کی حیثیت سے طبقہ اشرافیہ کے افراد معیاروں یا قدروں کو قائم رکھنے میں اتنے نمایاں نہیں ہوتے جتنے ان کی غلط سلط تعبیر کی پہل کرنے میں۔ تعلیم بھی بذات خود تقریباً بے اثر ہی رہتی ہے۔ اس سے زیادہ سے زیادہ چال چلن کے قائم شدہ مروجہ معیاروں کے استحکام میں مدد تو مل سکتی ہے مگر یہ ان معیاروں کو جنم نہیں دے سکتی، بلکہ یہ تو ان معیاروں کو بلند بھی نہیں کر سکتی، کیونکہ لوگوں کو جو کچھ بتایا جاتا ہے یا جو کچھ وہ پڑھتے ہیں، اگر ان کا ان پر اثر ہو بھی جائے تو بھی ان پر اس سے زیادہ گہرا اثر اخلاقی اور سماجی اقدار کے بارے میں سماج کے رویے اور ان افراد کے رنگ ڈھنگ یا اطوار کا ہوتا ہے جنہیں 'کامیاب' سمجھا جاتا ہے۔ سماج تعلیم کا انتظام اپنے مقاصد کے لیے کرتا ہے۔ تعلیم ان نقوش کو ابھار تو سکتی ہے جو پہلے ہی سے موجود ہوں مگر یہ از خود ایسے نقوش کی طرح نہیں ڈال سکتی۔

ہم تہذیب پر کسی اعتبار سے بھی غور کریں، تہذیب کے پیدا ہونے میں بہر حال اتفاقی حادثے ہی کی سی کیفیت نظر آتی ہے۔ یہ ویسی ہی کیفیت ہوتی ہے جسے عیسائی 'گریس' (grace) اور مسلمان 'توفیق' کہتے ہیں لیکن گریس یا توفیق کے درجے ہوتے ہیں اور ہم میں سے اکثر کسی نہ کسی طرح یا کسی نہ کسی وقت یہ مل جاتی ہے، جس سے ہماری زندگی میں تھوڑا بہت فرق ضرور پڑ سکتا ہے۔ ہو سکتا ہے کہ ہم میں کوئی بھی ایسا نہ ہو جسے مہذب آدمی کا مکمل نمونہ کہا جا سکے لیکن اتنا ضرور ہے کہ ہم میں اکثر کسی نہ کسی اعتبار سے یا بعض بعض موقعوں پر ضرور مہذب ہو جاتے ہیں۔ یہی وجہ ہے کہ ہم اس پر بھی بحث کر لیتے ہیں کہ آخر تہذیب ہے کیا اور پھر شاید سمجھ بھی سکتے ہیں کہ اس کا صحیح مفہوم کیا ہے۔

٭٭٭

۳

تہذیب کیا ہے؟

سیاسی تاریخ کا موضوع قوموں کی تنظیم، حکومتوں کی کارگزاری اور خارجی سیاست کی کاروائیاں ہیں۔ اسے شخصیتیں اور کارنامے، ترقی اور کامیابی یازوال اور تباہی کی مثالیں بہت مؤثر اور سبق آموز بنا دیتی ہیں۔ لیکن تاریخ کی ساری حقیقت اس میں بیان نہیں ہو جاتی اور اس میں زندگی کی وہ مکمل صورت پیش نہیں کی جاتی جو سیاست کے مسائل کو سمجھنے کے لیے بھی ضروری ہے۔

سیاست کو قوم کا میدان عمل، قومی زندگی کا سب سے نمایاں پہلو کہا جا سکتا ہے، لیکن خود سیاست معاشرتی حالات اور تہذیبی منصوبوں کا عکس ہوتی ہے۔ وہ شخصیتیں جن کے ہاتھوں میں سیاست کی باگ ڈور ہوتی ہے، فروغ نہیں پا سکتی ہیں اگر زمانہ موافق نہ ہو۔ تدبر بے بسی کا نمونہ بن جاتا ہے اگر زمانہ اس کا ساتھ چھوڑ دے۔ کشت وخون بے کار، ملک گیری بے سود ہوتی ہے اگر اس کی پشت پر تہذیبی مقاصد نہ ہوں۔ زمانہ یا ماحول مجموعی نام ہے ان تہذیبی یا تمدنی حالات کا جو قومی زندگی کو بالکل اپنے رنگ میں رنگ دیتے ہیں، شخصیت کی پرورش، سیاست کی رہنمائی کرتے ہیں۔ اس لیے ہم کسی ملک کی تاریخ پر حاوی نہیں ہو سکتے جب تک کہ

ہم اس کی سیاست کے ساتھ اس کی تہذیب کا مطالعہ نہ کریں۔

تمدن یا تہذیب کے معنی ہیں انسان کا اپنی ذہنی اور اخلاقی قوتوں کو ترتیب دینا اور انہیں کام میں لانا۔ جماعتوں کی تہذیب افراد کی محنت، صلاحیت، ذوق یا فکر کی ہوئی چیزوں کا مجموعہ ہوتی ہے۔ تہذیب کے کام بنتے رہتے ہیں تو جماعت کو تقویت پہنچتی ہے اور اس کی قوت بڑھتی ہے، جماعت کو اپنے منصوبوں اور حوصلوں کو پورا کرنے کا موقع ملتا ہے تو تہذیب پروان چڑھتی ہے۔ افراد کی تہذیب مشتمل ہوتی ہے اس مادی، ذہنی اور اخلاقی دولت پر جس کے وہ مالک ہوں اور اس محنت پر جس کے بار آور ہونے سے ان کی یہ دولت بڑھتی ہے۔

جماعت کے تہذیبی سرمایے میں اس کے تمام افراد برابر کے حصہ دار نہیں ہوتے، اس سے فائدہ اٹھانے یا اس میں اضافہ کرنے کی صلاحیت بھی سب میں برابر نہیں ہوتی۔ افراد کی طرح جماعتیں بھی مخصوص صلاحیتیں رکھتی ہیں یا کبھی تہذیب کے ایک پہلو پر زیادہ توجہ کرتی ہیں کبھی دوسرے پر، اور اس صورت سے مختلف جماعتوں اور مختلف زمانوں کی تہذیبی خدمات سے عام انسانی تہذیب کی تشکیل ہوئی ہے۔ اس عام انسانی تہذیب میں کسی قوم کا حصہ کم کسی کا زیادہ ہوتا ہے، کوئی قوم تہذیب کی علمبردار ہوتی ہے تو کوئی اپنی نااہلی یا مجبوریوں کی وجہ سے اکثر نعمتوں سے محروم رہتی ہے۔ لیکن ترقی کا سلسلہ بھی برابر جاری رہتا ہے۔ تہذیب کی اعلیٰ قدریں مٹتی نہیں ہیں صرف ان کے حامل بدل جاتے ہیں۔

تہذیب کی قدریں

ہم کسی جماعت کی تہذیب کا جائزہ لینا چاہیں تو ہم ان قدروں کو جانچیں گے جو

اس کی تہذیب کا سرمایہ ہیں۔ یہ قدریں داخلی ہوتی ہیں اور خارجی۔ افراد کی ذہنیت، ان کا علم، ان کی استعداد، ان کے احساسات، ان کے حوصلے اور وہ اصول جن کے مطابق ان کے باہمی تعلقات متعین ہوتے ہیں، داخلی قدریں ہیں۔ خارجی قدروں میں سب سے اہم ملک ہے، یعنی وہ زمین جس پر یہ قوم آباد ہو اور مملکت یا سیاسی نظام، معاشری ادارے، وہ دولت جو صنعتوں کو برتنے اور سرمایے کو کاروبار میں لگانے سے پیدا ہوتی ہے، فنون لطیفہ کے کارنامے، اکتساب کا شوق اور محنت کرنے کا مادہ، یہ سب بھی خارجی قدریں ہیں۔

ہم زیادہ تفصیل سے غور کریں تو یہ دیکھیں گے کہ جماعت میں عملی استعداد کتنی ہے اور تنظیم اور دولت آفرینی کے وہ سارے کام جن کے لیے اس استعداد کی ضرورت ہے، کس طریقے پر انجام پاتے ہیں۔ زمین کو زرخیز اور سرسبز بنانے کی کتنی کوشش کی گئی ہے، مملکت اور سیاسی نظام حاکموں کی مرضی پر چھوڑ دیا گیا ہے یا عام تہذیبی مقاصد کا خادم مانا گیا ہے، بستیاں کتنی ہیں اور کیسی ہیں، شہروں کی حیثیت کیا ہے، ایسے کون سے معاشری ادارے ہیں جو انفرادی اور اجتماعی زندگی کو ہم آہنگ کرتے ہیں، صنعت کون سی ضرورتوں کو کس طرح پورا کرتی ہے اور اس میں افادیت اور حسن کی آمیزش کتنے سلیقے سے کی گئی ہے۔

ہم یہ ضرور دیکھیں گے کہ گھر کیسے ہیں، کیونکہ گھروں کا نقشہ صحیح اور اچھی زندگی کے اس تصور کا عکس ہوتا ہے جو جماعت میں عام طور پر مقبول ہو۔ گھروں میں ان افراد کی پرورش ہوتی ہے جو تہذیب کی داخلی قدروں کے حامل ہوتے ہیں۔ رسم ورواج گھروں میں ہی برتا جاتا ہے، اس لیے خانگی زندگی کو قومی تہذیب کی

نبض قرار دیا جائے تو بیجا نہ ہو گا، کہ اسی سے تہذیب کی اصلی حالت کا اندازہ کیا جا سکتا ہے۔

اس کے بعد پھر ہم دیکھیں گے کہ جماعت کا مذہب کیا ہے، اس کے عقائد میں علم، عقل اور اخلاق کو کتنا دخل ہے، اس نے مشاہدے، تجربے، غور اور تحقیق سے تہذیبی دولت کو محفوظ رکھنے اور اسے بڑھانے کا کیا انتظام کیا ہے، یعنی اس کا نظام تعلیم کیا ہے، اس میں جمالیات کا ذوق کتنا ہے اور اس نے اپنی جذباتی زندگی کو فنون لطیفہ، شاعری اور ادب کے زیوروں سے کس طرح سنوارا ہے۔

فنون لطیفہ

تہذیب کا جو تصور یہاں پیش کیا گیا ہے وہ ہمہ گیر ہے اور فنون لطیفہ صرف اس کا ایک رخ دکھاتے ہیں۔ لیکن بہت سی پرانی تہذیبیں ایسی ہیں جن کے بیشتر آثار مٹ گئے ہیں یا ایسے واضح نہیں ہیں کہ ان کی مدد سے ہم ان تہذیبوں کا کوئی نقشہ اپنے ذہن میں قائم کر سکیں۔ ان کی خصوصیات کا جو کچھ اندازہ ہم کر سکتے ہیں وہ فنون لطیفہ یا صنعت کے ان نمونوں سے، جو دستیاب ہوئے ہیں۔ اس وجہ سے تہذیب کی تاریخ کو سمجھنے کے لیے بہت ضروری ہے کہ ہم فنون لطیفہ کی نوعیت اور حیثیت سے اچھی طرح واقف ہوں اور ممکن ہو تو ایسی نظر پیدا کر لیں کہ ہمارے لیے فنون لطیفہ کے نمونے زندگی کی جیتی جاگتی تصویریں بن جائیں۔

تاریخی نقطۂ نظر سے دیکھا جائے تو فنون لطیفہ صنعتوں کی اعلی شکلیں ہیں، جنھیں انسان کی محنت اور مشق، ذوق اور اولوالعزمی نے صنعتوں سے الگ اور برتر مرتبہ دے دیا۔ صنعتیں اس لیے وجود میں آئیں کہ انسان کو بہت سی مادی

ضروریات مہیا کرنے اور زندگی کو آسان بنانے کی خواہش تھی مگر اس کی طبیعت میں شروع سے ہی حسن کی طلب اور تخلیق کی امنگ بھی تھی، اس نے اپنی ضرورت کے لیے جو کچھ بنایا وہ بھی خوبصورت تھا۔

اس نے ہر کام کی چیز کی ایک موزوں شکل سوچی اور اسے رنگ اور نقش و نگار سے آراستہ بھی کیا۔ ذہنی ارتقا کے ساتھ حسن کا ذوق لطیف ہوتا گیا، انسان نے محسوس کیا کہ گانے، ناچنے اور خوبصورت چیزیں بنانے سے اس کی شخصیت اور زندگی کی ویسی ہی تکمیل ہوتی ہے جیسی درخت کی پھول اور پھل آنے سے۔ محض ضرورت پوری کرنا اسے کافی معلوم نہیں ہوا۔ صنعتیں ترقی کرتی رہیں مگر ان کے برتنے والوں میں ایسے لوگ بھی پیدا ہونے لگے جو حسن کے تصور میں ڈوبے رہتے تھے اور اپنے احساسات کو دوسروں تک پہنچانے کی خاص استعداد رکھتے تھے۔ الفاظ اور تصورات کا ذخیرہ بڑھ گیا اور انسان بے تکلفی سے اپنے مطالب ادا کرنے لگا تو زبان تبادلۂ خیال کے علاوہ جذبات اور واردات قلبی کو بیان کرنے کا ذریعہ بن گئی اور فنون لطیفہ میں خوش گفتاری اور ادب کا اور اضافہ ہو گیا۔

ہم اس وقت ادب لطیف کو آرٹ کے دوسرے شعبوں کی بہ نسبت زیادہ اہمیت دیتے ہیں کیونکہ اس کا رواج زیادہ ہے اور اس کا سمجھنا نسبتاً آسان معلوم ہوتا ہے۔ لیکن حقیقت یہ کہ بہت سے تصورات ایسے ہوتے ہیں جنہیں براہ راست یعنی استعارہ اور تشبیہ کی مدد کے بغیر ظاہر کرنے کی زبان میں پوری قدرت نہیں ہوتی، جیسے کہ جسامت، قوت، حرکت وغیرہ، اور بہت سے آدمی ایسے ہوتے ہیں جو اپنا مافی الضمیر الفاظ کے پیرایے میں ادا نہیں کرسکتے ہیں۔

شاعر الفاظ کے ذریعہ اپنی کیفیت کو بیان کرتا ہے، مصور رنگ اور شکل کے پیرایے میں، موسیقی کا ماہر دل کی بات ساز یا آواز کی زبانی کہتا ہے، سنگ تراش اسے مورت یا منبت کاری میں مجسم کر دیتا ہے مگر شاعر، مصور، سنگ تراش سب ایک ہی چیز کو مختلف طریقوں سے پیش نہیں کرتے۔ فنون لطیفہ کی ہر صنعت کا اپنا الگ منصب اور مقصد ہے۔ عظمت، استقلال اور نزاکت کو اس طرح ہم آہنگ کرنا جیسے کہ تاج محل کے معمار نے کیا ہے، شاعری، مصوری یا موسیقی کے بس میں نہیں۔ شیو نٹ راج کی مورت میں قدرۃً ساکت چیز کو جس طرح دائمی حرکت کا نمونہ بنایا گیا ہے، وہ سنگ تراشی کا حصہ ہے۔

اس لیے ہمیں یہ نہ سمجھنا چاہیے کہ فنون لطیفہ کی کسی صنف کو فضیلت حاصل ہے اور یہ بھی ذہن نشین کر لینا چاہیے کہ آدمی کو پورا آدمی، زندگی کو پوری زندگی بنانے کے لیے جمالیات کا ایسا ذوق اور ایسا چرچا لازمی ہے کہ فن لطیف کا حق ادا کیا جا سکے۔ ہم آرٹ کی کسی صنعت کو توجہ کے قابل نہ سمجھیں یا اس سے تعصب برتیں تو ان لوگوں کی تخلیقی قوتیں سلب ہو جائیں گی جو اس فن کو احساسات کا مظہر بنانے کی قدرتی صلاحیت رکھتے ہیں۔ اسی نسبت سے طبیعت اور فکر کی تشکیل اور تکمیل کے امکانات محدود ہو جائیں گے اور یہ ایک مانی ہوئی بات ہے کہ زندگی جتنی محدود ہو، اتنی ہی ناقص اور ناکام رہتی ہے۔

فنون لطیفہ کا ذوق انسان کی سرشت میں ہے، تہذیب کی پیدا کی ہوئی خصوصیت نہیں۔ اس کا ثبوت صرف یہ تاریخی حقیقت نہیں ہے کہ انسان نے اس وقت سے جب کہ اسے اپنے اعضا پر قابو ہو گیا، رنگ اور شکل اور نغمے کو اپنا رازداں

بنایا۔ ہم یہ بھی دیکھتے ہیں کہ انسان کو فنون لطیفہ کا اصل سرمایہ قدرت سے ملا ہے اور شاید یہ کہنا بھی غلط نہ ہوگا کہ اس نے حسن کا معیار اپنی طرف سے نہیں بلکہ قدرت کے نمونوں کو دیکھ دیکھ کر قائم کیا ہے۔ اب علم طبیعیات اس کی تصدیق کرتا ہے کہ مصور مختلف رنگوں کی جو تاثیر فرض کرتے رہے ہیں، وہ سائنس کے نقطۂ نظر سے صحیح ہے، جن سروں کو فن موسیقی کی بنیاد مانا گیا ہے وہ آوازوں میں سب سے زیادہ دوررس اور ممتاز ہیں۔ مصوری، سنگ تراشی اور فن تعمیر میں اقلیدس کی شکلوں کی جو حیثیت ہے، اسے بیان کرنے کی ضرورت نہیں۔

علوم صحیحہ اور فنون لطیفہ کی اساس ایک ہے۔ ان میں جو فرق ہے وہ مقاصد کا ہے۔ علم کے مد نظر صحت ہوتی ہے اور فن کا نصب العین حسن آفرینی ہے۔ علم چاہتا ہے کہ قدرت پر قابو پائے، فن چاہتا ہے کہ خود قدرت بن جائے۔ یہ خصوصیت ساری دنیا کے فنون لطیفہ میں عام ہے۔ انسان ہمیشہ اور ہر جگہ ان رنگوں اور شکلوں اور سروں کی تلاش میں رہا ہے جو اس کے مافی الضمیر کو ظاہر کر سکیں اور اس کے دل کو تسلی دے سکیں اور اس جستجو میں اسے بہت کچھ کامیابی قدرت کی دست گیری سے ہوئی ہے۔ اس نے پہاڑوں سے عظمت، میدانوں سے وسعت، پھول پتیوں سے سجاوٹ کے پہلے سبق سیکھے، جانوروں کے مشاہدے سے جسم اور حرکت کے تعلق کو سمجھا اور پھر جب اس میں اتنی استعداد ہوگئی کہ جسم کو پتھر یا کاغذ پر بنا سکے تو رنگ، حرکتیں اور اشارے ہزار کیفیتوں اور اداؤں کے مظہر بن گئے۔

لیکن جیسے کہ ایک ماں کی گود میں پلے ہوئے بچے اپنی الگ صورت، شکل اور

طبیعت رکھتے ہیں، ویسے ہی انسان کی مختلف نسلوں اور گروہوں کی اپنی سیرت اور اپنا الگ مذاق ہوتا ہے اور یہ آہستہ آہستہ قومی عادت بن کر اور پختہ ہو جاتا ہے۔ فنون لطیفہ پر قدرتی ماحول اور ضروری سامان کی کمی یا افراط کا بھی بہت اثر پڑتا ہے۔ ان سب باتوں کا مجموعی نتیجہ یہ نکلا ہے کہ مختلف قوموں نے کامل حسن کی منزل تک پہنچنے کے الگ الگ راستے اختیار کیے یعنی انہوں نے حسن کا اپنا ایک خاص معیار قائم کیا اور اسی کے مطابق وہ فنون لطیفہ کی تعلیم دیتی اور کارناموں کو جانچتی رہیں۔

وہ ایسا نہ کرتیں تو مذاق کی تربیت ناممکن ہوتی، لیکن چونکہ لوگ انہیں چیزوں کو پسند کرتے ہیں جنہیں دیکھنے کے وہ عادی ہوں اور حسن اور تناسب پیدا کرنے کے خاص طریقے ان کے ذہن نشین ہو جاتے ہیں، اس لیے ان کا ایک عقیدہ سا ہو جاتا ہے کہ حسن کو اسی پہلو اور اسی نظر سے دیکھا جا سکتا ہے جس سے کہ وہ اسے دیکھتے ہیں۔ یہ تعصب کی ایک شکل ہے جس سے ہمیں بچنا چاہیے۔

ہم میں دوسری قوموں کے مذاق کی قدر کرنے یا نئے اثرات کو قبول کرنے کی صلاحیت نہ ہو تو ہمارا اپنا معیار حسن، خواہ وہ کتنا ہی اعلیٰ کیوں نہ ہو، رفتہ رفتہ محض پیمائش کا آلہ بن جائے گا۔ تخلیق کا شوق اسی وقت پورا ہوتا ہے جب نئے خیال کو نئے طریقے پر برتنے کا امکان ہو۔ آرٹ پر ہمیشہ کے لیے کسی ایک طرز کی تقلید فرض کر دی جائے تو اس کا تخلیقی امنگوں سے رشتہ ٹوٹ جاتا ہے اور اس سے اتنی ہی تسلی حاصل ہو سکتی ہے جتنی کہ نقل یا چوری کرنے سے نصیب ہوتی ہے۔

آج کل ہم آرٹ کے مسائل میں عموماً صحیح رائے نہیں رکھتے، اس لیے کہ ہم نے تنقید کے جو معیار مقرر کیے ہیں وہ بالکل غلط ہیں۔ ہم سمجھتے ہیں کہ آرٹسٹ کا کام

نقل کرنا ہے۔ ساز آواز کی نقل ہے، مصوری یا سنگ تراشی موجود نمونوں کی نقل۔ مگر ہم یہ نہیں کہتے کہ ہر شاعر کو بھی موجود نمونوں کی صحیح صحیح نقل کرنا چاہیے۔

اس کے بر خلاف ہم شاعر سے مطالبہ کرتے ہیں کہ کوئی نئی بات نئے انداز سے کہے یا شاعری کا حوصلہ نہ کرے۔ اس سے پتا چلتا ہے کہ دراصل ہم فنون لطیفہ کو نقالی نہیں سمجھتے اور اگر ہم کسی مصور پر اعتراض کرتے ہیں کہ اس نے شکل کو قدرت کے مطابق نہیں بنایا ہے تو اس کا سبب یہ ہے کہ ہم مصوری کے منصب سے واقف نہیں ہیں یا یہ بھول جاتے ہیں کہ شاعری کی طرح وہ بھی احساسات کو ظاہر کرنے کا ذریعہ ہے کہ ہم نے یورپی آرٹ کے سو ڈیڑھ سو برس پرانے نمونوں کو کامل حسن کے نمونے مان لیا ہے اور ان سے انحراف کرنا ایک دائمی حقیقت سے انکار کرنے کے برابر جانتے ہیں۔ یہ بھی آرٹ کے منصب سے چشم پوشی کی دلیل ہے۔

یورپ کے لوگوں نے یہاں تک کہ انگریزوں نے بھی اپنے پرانے طرز کو چھوڑ دیا ہے۔ حسن کے ہر شیدائی کو وہ اپنا ہم مذہب، حسن کے ہر معیار کو حقیقی مانتے ہیں اور اس کے علاوہ انہوں نے ہر فن میں اس علم سے فائدہ اٹھایا ہے جو انہیں اس عرصے میں حاصل ہوا ہے۔ اسلامی آرٹ کا معیار بھی جیسا کہ چاہیے تھا، ماحول، علم اور نئے تجربات سے اثر لیتا رہا۔ تعمیر کے جس فن نے تاج محل جیسا کامل نمونہ تیار کیا، وہ ارتقا کی کئی منزلیں طے کر چکا تھا اور اس نے ہر منزل پر یادگاریں چھوڑی تھیں۔

غالباً اگر شاہ جہاں کے خاندان میں فن تعمیر کا اتنا ہی بڑا قدرداں پیدا ہوتا اور

اس کو تمام وسائل میسر ہوتے تو وہ اس فن کو کسی نئی راہ پر لگاتا، تاج محل سے بڑا تاج محل بنوانے کی مہمل کوشش نہ کرتا، اس لیے کہ یہ کسی اعتبار سے مناسب نہیں کہ ہم ایک کارنامے یا ایک دور کو ترقی کی انتہا مان لیں اور کہہ دیں کہ آب آگے نقل کرنے کے سوا اور کچھ نہیں ہو سکتا۔ جب زندگی کا سلسلہ کسی مقام پر پہنچ کر ختم نہیں ہو جاتا تو جمالیات کا معیار اور اس کی قدریں نئے اور بدلتے ہوئے احساسات اور واردات قلبی کی حامل ہونے سے کس طرح انکار کر سکتی ہیں۔

یہ قوموں کے زندہ ہونے کی ایک علامت ہے کہ ان میں ایسے لوگ پیدا ہوتے رہیں جو حسن کو دوسروں کی آنکھوں سے نہ دیکھیں، خود اس کے دیدار کے طالب ہوں اور اپنے کام کو نئی اخلاقی قدروں اور تازہ قلبی واردات کا حامل بنائیں۔ یورپ میں انیسویں صدی کے نصف آخر سے اس وقت تک آرٹ کی ماہیت پر بحث جاری ہے اور اس کے جاری رہنے کا سب سے بڑا سبب یہ ہے کہ مصور، سنگ تراش، شاعر، ڈرامانویس، غرض ہر قسم کے آرٹسٹ اپنے فن کے ایسے نمونے پیش کرتے رہے ہیں جن کو جانچنے کے لیے نئے معیاروں کی ضرورت تھی۔

جو آرٹسٹ محض جدت کرنا چاہتے تھے وہ جدت کر کے رہ گئے، جو سچے آرٹسٹ تھے وہ اپنے خاص طرز کے امکانات کو آزماتے اور اس میں پختگی پیدا کرتے رہے، یہاں تک کہ ان کا طرز خود معیار بن گیا۔ انہوں نے تقلید کے مسلک کو اس لیے چھوڑا تھا کہ تقلید کر کے وہ اپنی شخصیت کو ظاہر نہیں کر سکتے تھے اور اسی کو ظاہر کرنا وہ آرٹ کا منصب اور اپنا حق سمجھتے تھے۔ آرٹسٹ کے حق کا یہ مطالبہ آزادی کے اس دریا کی لہر نہیں تھی جو اس وقت یورپ میں موجیں مار رہا تھا۔

فنون لطیفہ کی تاریخ سے اگر ایک طرف یہ بات واضح ہے کہ ہر زمانے میں اور ہر جگہ حسن کا ایک خاص معیار تھا تو دوسری طرف یہ بھی ثابت ہے کہ فن کے وہ اصول جو اس معیار کی ترجمانی کرتے تھے آہستہ آہستہ بدلتے رہے اور آخر میں ایک زمانہ آیا جب کہ ان اصولوں کو ترک کرنے کے سوا کوئی چارہ نہ رہا اور آرٹسٹ اس پر مجبور ہوئے کہ ہر پرانے نقش کو مٹا کر حسن کی ایک بالکل نئی تصویر بنائیں۔

فنون لطیفہ کا ہر طرز جس کی پوری نشوونما ہو، تین بڑی منزلوں سے گزرتا ہے۔ پہلی منزل وہ ہوتی ہے کہ جب آرٹسٹ کا علم اور فنی استعداد اتنی نہیں ہوتی کہ وہ اپنے خیال کو پورا پورا ادا کر سکے، لیکن خود خیال میں اتنا زور ہوتا ہے کہ اس کی خوبی فنی خامیوں کے باوجود ظاہر ہو جاتی ہے، جیسے کوئی خوب صورت تندرست بچہ بے ڈھنگا لباس پہنے ہو تب بھی پیارا لگتا ہے۔ یہ فن کے بچپن کا زمانہ ہوتا ہے۔ علمی اصلاح میں یہ (PRIMITIVE) یعنی قدیمی یا ابتدائی دور کہلاتا ہے اور اس کے کام میں ایسا بھولا پن، بداہت اور سادگی ہوتی ہے کہ وہ آسانی سے پہچانا جا سکتا ہے۔

ارتقا کی دوسری منزل وہ ہے کہ جب آرٹسٹ اپنے فن میں ایسا ماہر ہوتا ہے کہ تخیل کی بلند پروازی اسے عاجز نہیں کر سکتی اور اس کا تخیل اپنی طرف فن کا ایسا نکتہ شناس ہو جاتا ہے کہ لازمی پابندیوں کو خوشی سے قبول کرتا ہے۔ اس لیے اس دور کی خصوصیت فن اور تخیل کی ہم آہنگی، خیال اور خیال کو پیش کرنے کے طریقے کی ایک لطیف مناسبت ہوتی ہے۔ یونان اور روما کی تاریخ کے ایک خاص دور کے فنون لطیفہ میں سادگی اور نفاست، ضبط اور بلند آہنگی کی ایسی صحیح آمیزش پائی جاتی ہے کہ

اسے معیار مان کر فن کے اس دور کو CLASSICAL یا کلاسیکی کہا جاتا ہے۔ وہ عروج کا زمانہ ہوتا ہے، اس میں عموماً فن کے تمام امکانات آزما لیے جاتے ہیں۔

اس کے بعد انحطاط لازمی ہے، کیونکہ وہ ذہنی قوتیں جن کی بدولت فن کی نشوونما ہوتی ہے، آہستہ آہستہ زائل ہو جاتی ہیں۔ آرٹسٹ کے سامنے معیاری کام کے نمونے اس افراط سے موجود ہوتے ہیں کہ اس کا تخیل ان میں الجھ کر رہ جاتا ہے اور اس کی طبیعت میں خود بخود یہ جذبہ پیدا ہو جاتا ہے کہ دوسروں نے جو کچھ کیا ہے اس سے بڑھ کر کچھ کر دکھائے۔ یہ جذبہ صحیح نہیں، اس لیے کہ آرٹسٹ کی نظر اپنے دل پر ہونا چاہیے اور اسے دوسروں کے کام کا مطالعہ صرف اس نیت سے کرنا چاہیے کہ فن میں ملکہ پیدا کر سکے۔

جب وہ دوسروں کے کام کو سامنے رکھ کر ان سے بازی لے جانے کا حوصلہ کرتا ہے تو اس کے معنی یہ ہیں کہ وہ نقل کرتا ہے اور اس سے جو نقصان ہوتا ہے اس کی تلافی کے لیے یہ کافی نہیں کہ نقل کو اصل سے بہتر بنانے کی کوشش کی جاتی ہے۔ انحطاط کے دور کا اصطلاحی نام بروک ہے۔ اس میں آرٹسٹ کا نصب العین یہ ہوتا ہے کہ فنی مہارت کے کرشمے دکھائے، کام کو حد سے زیادہ پیچیدہ کر دیا جاتا ہے، سادگی تخیل کی بے مائیگی، خلوص، تربیت کی خامی سمجھی جاتی ہے۔ فن کے ماہر اور قدرداں دونوں مبالغہ پسند ہوتے ہیں، اور تصنع کی ایک وبا پھیلتی ہے جس کے مہلک اثرات سے بچنے کے لیے ضروری ہوتا ہے کہ زندگی اور فنون لطیفہ کے تصور میں کوئی بڑا انقلاب ہو۔ ایسے انقلاب ساری دنیا میں ہوتے رہے ہیں اور عمل کے لیے نئے میدان، حسن کے لیے نئی جلوہ گاہیں فراہم کرتے رہے ہیں۔

ہندوستان کی تاریخ میں بھی ہمیں فنون لطیفہ کے عروج وزوال کے کئی دور ملتے ہیں۔ یہ اس کی علامتیں ہیں کہ کئی تہذیبوں نے ترقی کی، عروج پر پہنچیں اور پھر انہیں زوال ہوا۔ ان کے حالات ہمیں کبھی کبھی کتابوں کے ذریعہ معلوم ہوتے ہیں لیکن کتابوں میں وہی درج ہے جو ان کے لکھنے والوں نے دیکھا یاسنا، یعنی صرف ظاہری باتیں جن سے تہذیب کے باطن کا پورا بھید نہیں کھلتا۔ ہم صرف کتابوں پر بھروسہ کرنے کے بجائے اگر یہ ذہن نشین کرلیں کہ فنون لطیفہ کا مقصد انسان کی انسانیت کو ابھارنا اور شکل دینا ہے اور وہ تہذیبی خصوصیت کے اصل حامل ہوتے ہیں تو ان کا ہر نمونہ معلومات کا ایک خزانہ بن جائے گا، ہماری تاریخ جاگ اٹھے گی، ہم اپنے پیش رووں کی نظر اور ان کے ذوق کی پوری قدر کر سکیں گے اور ہم پر واضح ہو جائے گا کہ ان کا معجز نگار ہاتھ بے جان چیزوں کو ایسی شکل اور وضع دے سکتا تھا کہ وہ ہمیشہ کے لیے ان کے تصور حیات کی یاد تازہ رکھیں۔

تاریخ تمدن کے مسائل

(۱) انسانی تہذیب: ہم فن کے نمونوں کے جانچنے کی استعداد پیدا کرلیں اور تہذیب کی خارجی قدروں کو پرکھنے کی مشق کرلیں، تب بھی تاریخ تمدن کا حق ادا کرنے میں دشواریاں پیش آسکتی ہیں۔ انسانی زندگی تمدن اور تہذیب کے اعتبار سے کبھی ہموار نہیں تھی، آج کل کی طرح پہلے بھی بعض قومیں ایسی تھیں جنھوں نے بہت ترقی کرلی تھی اور بعض ایسی جو بالکل وحشی تھیں۔ ترقی کرنے والی قوموں میں ہر ایک کی رفتار الگ تھی اور اس کی ترقی کا میدان الگ۔ بعض کی ترقی برابر جاری رہی، بعض کی ایک حد پر پہنچ کر رک گئی۔

قدیم یونانیوں نے تھوڑی سی مدت میں فکر اور عمل، فن اور ادب کے لاجواب کرشمے دکھائے اور دنیا سے رخصت ہو گئے۔ رومیوں نے علم اور فن میں دریوزہ گری کی مگر سیاست، تنظیم اور استقلال کی ایک مثال قائم کر گئے جس سے دنیا صدیوں تک سبق لیتی رہی۔ مسلمانوں کی سیاست میں بہت جلد انتشار پیدا ہو گیا لیکن وہ نسل اور مقام کی حد بندیوں کو برابر توڑتے اور الگ الگ جماعتوں کے علم کو اپنا کر اسے نوع انسانی کا عام سرمایہ بناتے رہے۔ انہوں نے جتنا فائدہ خود حاصل کیا اس سے زیادہ دوسروں کو پہنچایا اور یہ ایک خدمت ہے جو اور کسی ملت یا سیاسی جماعت نے انجام نہیں دی۔

ترقی اور کامیابی کی صورتوں میں جو اختلاف رہا ہے اس کے علاوہ ہم یہ بھی دیکھتے ہیں کہ جماعتوں اور قوموں کی ترقی کبھی پیہم کوشش اور محنت، شوق اور جستجو کی بدولت ہوئی ہے، کبھی کسی حادثے یا انقلاب کی بدولت، کبھی انقلاب کا مادہ جماعت کے اندر ہی جمع ہوتا رہا ہے، جیسے بدھ متی انقلاب کا آریوں کے معاشرے میں، کبھی انقلاب کی نوعیت ایک حادثے کی سی تھی، جیسے کہ مسلمانوں کا ہندستان کو فتح کر لینا۔

قوموں کا عروج اور زوال بھی اپنی جگہ پر ایک معمہ ہے جو کسی طرح حل نہیں ہوتا۔ اگر ہم قوموں کی اس حالت کو دیکھیں جب وہ گمنامی سے اچانک ابھر کر دنیا کے سامنے آ جاتی ہیں تو ان میں بہت سی اخلاقی اور معاشری خوبیاں ہوتی ہیں مگر تمدن اور تہذیب میں اپنے زمانے کی ممتاز قوموں سے لگا نہیں کھا پاتی ہیں۔ لیکن جب وہ ترقی کر کے تمدن اور تہذیب کی علم بردار بن جاتی ہیں تو ان میں اکثر وہی

اخلاقی اور معاشری خوبیاں نہیں رہتی ہیں، جن کی بدولت انہوں نے دنیا میں نام پیدا کیا تھا اور مؤرخ کسی طرح حساب لگا کر نہیں بتا سکتا کہ تہذیب کا نمونہ بننے سے قوموں کو نفع ہوتا ہے یا نقصان۔

(۲) قومی تہذیب: تاریخ تمدن کا ایک مسئلہ یہ بھی ہے کہ ہر جماعت اور ہر قوم اپنی الگ اور مخصوص تہذیب رکھنے کا دعوی کرتی ہے اور اگر قوموں کی سیاست کامیاب ہو تو وہ اس کا دعوی کرنے لگتی ہیں کہ جنگ جوئی میں ان کا مقصد خود فائدہ حاصل کرنا نہیں بلکہ وہ اپنی اعلی تہذیب پھیلا کر دنیا کو فیض پہنچاتی ہیں۔ اس سے انکار بھی نہیں کیا جا سکتا کہ جلد اور بڑے پیمانے پر تہذیب پھیلانے کی خدمت سیاست ہی نے انجام دی ہے۔ سیاست نے بڑی سلطنتیں نہ قائم کی ہوتیں، تجارت کے رستے نہ کھولے ہوتے، اس تہذیبی دولت پر جو چھپی پڑی تھی یا جسے اس کے مالک کسی کو دینا نہیں چاہتے تھے، زبردستی قبضہ نہ کیا ہوتا تو ترقی کی رفتار بہت سست رہتی۔

بے شک تہذیب کا سرمایہ لین دین سے بھی بڑھا ہے، یعنی قوموں نے ایک دوسرے سے واقفیت پیدا کر کے اچھی باتیں سیکھیں اور سکھائی ہیں، اپنے عقائد کی صلح و آشتی سے تبلیغ کی ہے اور دوسروں کی معلومات سے اپنے علمی ذخیرے میں اضافہ کیا ہے، لیکن تہذیب کے بعض اصولوں کو، جیسے کہ مساوات کی وہ تعلیم جو اسلام نے دی ہے، سیاست ہی رائج اور مقبول کرا سکتی تھی۔ بالعموم معاشری تنظیم کے نئے اور بہتر طریقے سیاست ہی نے سکھائے ہیں۔ قومیں دوسروں کے کام کو دیکھ کر اپنی صنعت اور تجارت، ادب، فنون لطیفہ اور علم کو ترقی دے سکتی ہیں۔

معاشری تنظیم کی خامیوں کا احساس انہیں اسی وقت ہوتا ہے جب کوئی غیر قوم ان پر غالب آجاتی ہے اور سیاسی شکست ثابت کر دیتی ہے کہ معاشری تنظیم میں اصلاح نہ کی گئی تو ترقی کے سارے راستے بند ہو جائیں گے۔

اس طرح سیاست کو تہذیب پھیلانے میں دخل تھا۔ مگر دنیا کی ہر چھوٹی بڑی جماعت غالب اور مغلوب رہ چکی ہے اور اسی کے ساتھ تہذیبی لین دین کا سلسلہ بھی برابر جاری رہا ہے۔ اس لیے کسی قوم کی تہذیب کے بارے میں کیسے طے کیا جا سکتا ہے کہ اس کا کون سا اور کتنا حصہ خالص قومی ہے اور اس میں کیا کیا دوسروں سے حاصل کیا گیا ہے۔ عموماً تہذیب میں قوموں کا اپنا حصہ بہت کم ہوتا ہے، اس حصے کے مقابلے میں جو انہیں پچھلی قوموں سے ورثے میں ملتا ہے یا جو وہ دوسری ہم عصر قوموں سے حاصل کرتی ہیں۔ لیکن انسانیت کی موروثی تہذیب کو وہ کسی نہ کسی حد تک ایک نئی شکل ضرور دیتی ہیں اور اس سبب سے ان کا یہ دعوی رد بھی نہیں کیا جا سکتا کہ ان کی تہذیب ان کی اپنی ہے اور دوسری تہذیبوں سے جداگانہ حیثیت رکھتی ہے۔

اس دعوے کو رد یا نظر انداز کرنا مؤرخ کے لیے ایک اور وجہ سے بھی مشکل ہے۔ وہ یہ اصول بیان تو کر سکتا ہے کہ تہذیب نوع انسانی کی عام ملکیت ہے اور اسے قوموں میں تقسیم نہیں کیا جا سکتا، لیکن اپنی مجبوریوں کے سبب سے اس برت نہیں سکتا۔ انسان ہر چیز کی قدر دوسری چیزوں سے مقابلہ کر کے قائم کرتا ہے۔ بعض چیزوں کی قدر کرنا اسے بچپن سے سکھایا جاتا ہے، بعض اسے اس لیے پسند ہوتی ہیں کہ وہ اس کی طبیعت یا مذاق کے موافق ہوتی ہیں۔

ہر مؤرخ قدرتی طور پر اپنے عقائد اور اپنی تہذیب کو دوسروں پر ترجیح دیتا ہے اور اگر وہ اس قدرتی میلان پر قابو حاصل کرلے تب بھی یہ کیسے ممکن ہے کہ وہ کسی تہذیب کا دوسری تہذیبوں سے مقابلہ نہ کرے، اپنے ذہن کو ایک آئینہ بنالے کہ جس میں ہر چیز کا عکس نظر آتا ہے اور کسی عکس کا اثر باقی نہیں رہتا۔ اس کے پاس تہذیب کو پرکھنے کے لیے کوئی کسوٹی، اچھے اور برے میں تمیز کرنے کے لیے کوئی معیار بھی ضرور ہونا چاہیے اور یہ کسوٹی یا معیار مؤرخ کی اپنی تہذیب، اس کے اپنے عقائد ہوتے ہیں۔

حاشیہ

(۱) ہسپانیہ اور فرانس میں اٹھارہویں صدی میں آرائش کا ایک طرز رائج ہوا جو بروک (BAROQUE) کہلاتا تھا۔ اس میں وہ تمام خصوصیات پائی جاتی ہیں جو فن کے دورِ انحطاط کی خاص علامتیں ہیں۔

***

۴

دنیا کی پہلی تہذیبیں

دنیا کی کہانی میں حضرت آدمؑ کا زمانہ وہ وقت ہے جب آدمی جانور سے انسان ہوا۔ سائنس کے پجاری حضرت آدمؑ کو نہیں مانتے۔ لیکن یہی لوگ جب پرانی قوموں کے عقیدوں اور دھرم کو بیان کرتے ہیں تو ہمیں ہر جگہ کسی نہ کسی شکل میں ایک ایسے بزرگ کا نام ملتا ہے جنہوں نے آدمؑ کی طرح نیکی اور بدی کا پھل چکھ کر، یونانی سورما پرومے تھی نس کی طرح آسمان سے آگ لاکر اور آدمی کو کھیتی باڑی کا فن سکھاکر، یم کی طرح سورگ کا رستہ تلاش کرکے آدمی اور جانور میں ایسا فرق پیدا کر دیا کہ پھر یہ دونوں ایک سے نہ ہو سکیں۔

پرانی قوموں کی روایتوں، پرانوں یا دیومالا میں یہ بھی بیان کیا جاتا ہے کہ آدمی کو دنیا آباد کیے بہت دن نہیں ہوئے تھے جب ایک طوفان آیا، جس میں تھوڑے سے لوگوں کے سوا سب ڈوب گئے۔ اگلے وقتوں میں عقل کی دھار اتنی تیز نہیں تھی کہ جہاں پر رکھی جائے وہیں کاٹ دے۔ شاید لوگ اس دھار سے کاٹنے کے علاوہ اور کام بھی لینا چاہتے تھے اور اس لیے ہمیں مذہبی عقیدے اور قصے کہانیاں، تاریخ اور خیالی باتیں سب ایک میں گتھی ہوئی ملتی ہیں۔ یا یہ سمجھیے کہ یہ ایک باغ ہے

جسے ہم اتنی دور سے دیکھ رہے ہیں کہ چمن میں چمن، رنگ میں رنگ، پھول میں پھول مل جاتا ہے۔ ان قصے کہانیوں میں کانٹ چھانٹ کرنا بے ادبی معلوم ہوتی ہے۔ یہاں تو بس دیکھیے، لطف اٹھائیے اور سبق حاصل کیجئے۔

طوفان کی لہروں اور گردابوں میں جب دنیا متھی جا چکی تھی تو زندگی کی اکھڑی ہوئی جڑیں پھر جمنے لگیں اور کہیں کہیں پر خاصی مضبوط جمیں۔ دریائے نیل کی وادی میں، جنوبی عراق میں، ہندوستان میں دریائے سندھ کے کناروں پر اور چین میں دریائے ہوانگ ہو اور انگ ٹسی کیانگ کے دہانوں پر۔ لیکن دنیا کی آبادی بس انہیں بستیوں میں نہیں تھی، ایسی بھی بہت سی نسلیں تھیں جنہیں کہیں کوئی ٹھکانا نہیں ملا۔ انہیں خانہ بدوش کہتے ہیں، گویا وہ اپنا گھر کاندھوں پر لادے، مویشیوں کو چراتی گھوما کرتی تھیں۔ جب ان کی تعداد بہت بڑھ جاتی یا وہ پھرتے پھرتے بڑی بستیوں کے پاس پہنچ جاتیں تو ان میں اور بستی والوں میں، جنہیں وہ ظاہر ہے لوٹنا چاہتے تھے خوب لڑائیاں ہوتیں۔ ان میں آخر کار خانہ بدوش ہی جیتتے تھے۔ وہ بستی والوں کو مار ہٹاتے اور خود ان کی جگہ آباد ہو جاتے۔ پھر تین چار سو برس بعد کسی اور قوم کے ہاتھوں یہ نئی بستی بھی اجاڑ کر نئے لوگوں سے بسائی جاتی۔

تہذیب کے پرانے مرکز گھڑے بھر پانی میں شکر کے دو چار ڈلے تھے۔ پانی ہلا دیا جاتا تو وہ گھل جاتے، پھر جب وہ ٹھہر جاتا تو شکر بیٹھ جاتی۔ لیکن پانی کو ہلانے والے کچھ نہ کچھ مٹھاس بھی اپنے ساتھ لاتے تھے۔ گھلنے کے بعد جو شکر جمع ہوتی وہ پہلے سے کچھ زیادہ ہی ہوتی اور گھڑے کا پانی بھی ذرا اور میٹھا ہی ہو جاتا۔ اس طرح تہذیب پھیلتی رہی۔ عراق، مصر، ہندوستان کے علاوہ بحر روم، جسے انگریزی میں

(MEDITERRNEAN SEA) کہتے ہیں، کے ساحل پر فلسطین میں، شام میں، کریٹ کے جزیرے میں، اٹلی کے ضلع ایڑوریا میں، شمالی افریقہ میں آج کل کے شہر تونس کے قریب تہذیب کے مرکز قائم ہوئے۔

ہمارے عالم ابھی یہ نہیں طے کرپائے کہ مصر کی تہذیب سب سے زیادہ پرانی ہے یا جنوبی عراق کی سومیری تہذیب۔ لیکن یہ دونوں بہر حال آٹھ دس ہزار برس پرانی مانی جاتی ہیں۔ اور ہندوستان کے اندر ہڑپا اور موہنجوڈارو میں جن بستیوں کے نشان ملے ہیں، ان میں سب سے پرانی ان سے کچھ کم نہ ہوں گی۔ مصر کے پرانے شہر تھیبز، ممفس اور ہیلی اوپولس، جنوبی عراق میں بابل اور شمال میں نینوا، کریٹ میں شہر کنوسوس تہذیب کے اس دور میں آباد ہوئے اور سیکڑوں برس آباد رہے۔

اب سے کوئی ساڑھے چار ہزار برس پہلے ایک نئ نسل نے جس کا ہمیں نام تک معلوم نہیں ہے اور جو اپنے آپ کو آریہ یعنی پاک یا پوتر کہتی تھی خدا جانے کہاں سے نکل پڑی۔ اس نے جنوبی یورپ، عراق، ایران اور ہندوستان پر قبضہ کیا۔ پرانی تہذیب کو کچھ مٹایا، بہت کچھ اختیار کر کے اپنے رنگ میں رنگ دیا۔ ہندوستانی، ایرانی، یونانی اور رومی آریہ تھے تو سب ایک ہی خاندان کے لوگ، مگر سب نے الگ الگ طبیعت اور مزاج پایا تھا اور سب نے دنیا میں مختلف یادگاریں چھوڑیں۔ آریوں کا سب سے پہلا سامراج ایران میں قائم ہوا اور شام سے لے کر ہمارے دریائے سندھ تک پھیلا۔ پھر اسے یونانی آریوں کے مشہور بادشاہ سکندر نے مٹایا اور اسی کے تھوڑے دن کے بعد ہندوستان میں موریا سامراج کی بنیاد پڑی۔

یہ ادھر ختم ہوا تھا کہ مغرب میں رومی سلطنت کا ستارہ چمکا۔ اسی زمانے میں نئ

خانہ بدوش نسلوں نے منگولیاں کی چراگاہوں سے نکل کر ذرا سی مدت میں ہندوستان، ایران، ترکی اور مشرقی یورپ کو برباد اور پھر آباد کیا۔ یہ ہیں شروع سے حضرت عیسیٰؑ کے زمانے تک کی تاریخ کی موٹی موٹی باتیں۔ اب آیئے اسی زمانے پر دوسرے پہلو سے نظر ڈالیں اور دیکھیں کہ ان چھ سات ہزار برس میں انسان نے کتنی ترقی کی۔

جدید پتھر کا زمانہ ۸۰۰۰ق م

پہلے مکان بنے ۷۰۰۰ق م

سومیری تہذیب کی ابتدا ۶۰۰۰ق م

سومیریوں نے لکھنا شروع کیا۔ مصر کا پہلا شاہی خاندان ۵۰۰۰ق م

موہنجوڈارو اور ہڑپا کے پہلے شہر بنے۔ فونیقی تہذیب کا آغاز

پہلے جہاز بنے ۳۰۰۰ق م

عراق، مصر، ہندوستان اور بحر روم کے ساحل پر شہری زندگی، فونیقی تجارت کے ساتھ وہ ابجد پھیلی جو انہوں نے عراقی،، مصری طرز تحریر کو ملا کر تیار کی تھی۔

آریہ زبانیں پھیلیں ۲۰۰۰ق م

ایران، ہندوستان اور یونان میں آریہ مذہب اور تہذیب کی بنا۔ فونیقی تہذیب کا خاتمہ۔ ایرانیوں اور یونانیوں کی جنگ ۵۰۰ق م

سکندر اعظم ۳۲۰ق م

ہم جسے تہذیب کہتے ہیں اس کے معنی ہیں دین ایمان کے، دھرم، قانون اور علم کے سائے میں اپنی زندگی بسر کرنا، اپنی محنت سے اس زندگی کو سرسبز رکھنا، نیک

حوصلوں سے اس کو رونق دینا اور صنعت و تجارت کے ذریعہ سے وہ چیزیں حاصل کرنا جن سے آرام پہنچتا ہے یا جن کی خوبصورتی دل کو خوش کرتی ہے۔ ہر قوم اپنی زندگی اپنی طبیعت اور مذاق کے ڈھنگ پر بناتی ہے اور سنوارتی ہے، مگر پھر بھی آدمی تو ہر جگہ رہتا ہے اور اگر نام اور چند خصوصیات کا پردہ ہٹا دیا جائے تو ہمیں ہر جگہ قریب قریب ایک ہی سی زندگی نظر آئے گی۔ مصر، سومیریا، بابل، قدیم ہندوستان اور ایران میں مذہب امید اور خوف کی وہی دورخی تصویر تھی، اس میں ان قوتوں سے لگاؤ بڑھایا جاتا تھا جو زندگی کو قائم رکھتی اور اسے پروان چڑھاتی ہیں۔

ان قوتوں کو رام کرنے کی فکر کی جاتی تھی، جن سے نقصان اور موت کا اندیشہ ہوتا ہے لیکن آدمی ان قوتوں کو پوری طرح جانتا پہچانتا نہیں۔ وہ اتنی بڑی ہیں اور اسے ہر طرف سے اس طرح گھیرے ہوئے ہیں کہ اس کی عقل حیران رہتی ہے۔ وہ انہیں طرح طرح کی شکلوں میں تصور کرتا ہے، طرح طرح کے نام دیتا ہے اور جس بات کو وہ صاف صاف کہہ نہیں سکتا اس لیے کہ وہ صاف صاف سمجھتا نہیں، اسے وہ ایک کہانی بنا دیتا ہے۔ پرانی قوموں کی دیومالا میں ہزاروں ایسی کہانیاں ہیں اور ایسی ملتی جلتی کہ معلوم ہوتا ہے کہ وہ سب ایک ہی حقیقت کو بیان کرنے کی الگ الگ کوششیں ہیں۔

مذہب کے اس شاعرانہ پہلو کے ساتھ ہمیں ہر جگہ دھرم اور قانون بھی شروع ہی سے ملتے ہیں اور انہیں آپ دیکھیے تو وہ آج کل کے قانون سے بہت مختلف نہیں، بلکہ بعض باتوں میں آج کل سے بہتر بھی ہیں۔ مصر میں اوسی رس اور اس کے بعد کئی بادشاہوں نے، بابل میں شاہ ہموربی نے، یہودیوں کے لیے حضرت موسیٰؑ

نے، کریٹ کے جزیرے میں می نوس نے مذہبی، اخلاقی اور معاشرتی یعنی سماجی قانون بنائے۔

شاہ ہموربی کا قانون ایک پتھر پر نقش کیا ہوا ملا ہے۔ اس میں بعض جرم جیسے چوری، ایسے ہیں جن کی سزا آج کل بہت سخت معلوم ہوتی ہے۔ بعض باتیں ایسی ہیں کہ ہم ترقی کر کے بھی ان تک نہیں پہنچ سکے ہیں۔ مثلاً یہ کہ شہر میں کسی کے یہاں ڈاکہ پڑے تو حکومت کا فرض ہے کہ مجرم کو پکڑ کر مال واپس پہنچائے یا اپنے پاس سے نقصان پورا کرے۔ ہم یہ بھی دیکھتے ہیں کہ عورتوں کو بہت آزادی تھی، ان کے حق مردوں سے کسی طرح کم نہ تھے۔ ان کو جائداد اور ورثے میں حصہ ملتا تھا۔ وہ کاروبار کر سکتی تھیں اور کرتی تھیں۔ اور مصر کی ملکہ "ہتھ سے پت" اور ملکہ تئ اور بابل کی ملکہ سمیر مس کے حالات پڑھ کر معلوم ہوتا ہے کہ ان ملکوں میں عورتیں راج پاٹ کی اہل مانی جاتی تھیں۔

مصری قصوں سے پتہ چلتا ہے کہ یہ لوگ اپنی عورتوں سے ڈرتے اور دبتے تھے، اور یہ خیال صحیح نہ ہو تب بھی ہم یہ تو جانتے ہیں کہ مصر اور بابل میں عورتیں شادی کے بعد شوہر کی ذات یا اس کے خاندان میں گم نہیں ہو جاتی تھیں، بلکہ ان کا اصل رشتہ اپنے ماں باپ ہی سے رہتا تھا اور وہ آسانی سے طلاق لے سکتی تھیں۔

قانون کے بعد ہم اس زمانے کی زندگی اور شعبوں کو دیکھیں تو بڑی حیرت ہوتی ہے۔ مصر اور بابل میں حکومت کی طرف سے آب پاشی کا پورا انتظام تھا۔ دریاؤں سے نہریں کاٹ کاٹ کر دور تک پانی پہنچایا گیا تھا اور سیلاب اور بارش کے پانی کو جمع رکھنے کے لیے بڑے بڑے تالاب بنے تھے۔ جان و مال کی حفاظت کو ہر بستی

میں پولس اور شہروں میں فوج تھی۔ اور ہم تک مصر اور بابل کے کئی ایسے قصے پہنچے ہیں جن سے معلوم ہوتا ہے کہ بادشاہ خود قاعدے اور قانون کا بہت لحاظ کرتے تھے اور سرکاری ملازموں کو ظلم و زیادتی سے روکتے رہتے تھے۔ مقدموں کا فیصلہ کرنے کے لیے عدالتیں موجود تھیں اور ان کا مرتبہ ایسا تھا کہ وہ اپنا فرض خوبی سے انجام دی سکتی تھیں۔

قانون اور ملکی انتظام کی طرح اس علم کی، جس پر ہم ناز کرتے ہیں اسی زمانے میں داغ بیل ڈالی گئی۔ مصر اور بابل میں لکھنے کا طریقہ ایجاد کیا گیا۔ بابل والے مٹی کی تختیاں بنا کر جب وہ گیلی ہوتیں اسی وقت ان پر ایک نکیلے اوزار سے گڑو گڑو کر لکھتے تھے، پھر ان تختیوں کو سکھا لیتے۔ جیسا ان کا کاغذ قلم تھا ویسا ہی ان کا خط بھی تھا، اور بابل میں تو خط و کتابت کی رسم بھی جاری تھی اور لوگ انہی تختیوں کو مٹی کے ڈبوں میں بند کر کے ڈاکیوں کے ذریعے ایک دوسرے کے پاس بھیجتے تھے۔ لکھنے کے اس طریقے میں بڑی طوالت تھی۔

مصر میں ایک قسم کی نرم تنے کی بانسی ہوتی تھی جسے پپی رس کہتے ہیں، اس کی چھال سے آسانی کے ساتھ ایک طرح کا کاغذ تیار کیا جا سکتا تھا۔ مصری شروع میں تو جس چیز کا ذکر کرنا ہوتا اس کی تصویر بناتے تھے۔ مگر آہستہ آہستہ انہی تصویروں سے ایک ایسا لکھنے کا طریقہ نکالا گیا جس میں آدمی جلدی اور صفائی سے اپنا مطلب ادا کر سکتا تھا۔ بابل اور مصر کی کوششوں سے فائدہ اٹھا کر ایک قوم نے جو فونیقی کہلاتی ہے، پورے پورے لفظوں کی جگہ الگ الگ حرف بنائے جن میں سے ہر ایک کسی خاص آواز کی علامت تھی۔ فونیقی تاجر تھے، انہوں نے تجارت کے ساتھ لکھنے کے

اپنے خاص طریقے کو پھیلایا اور چینی اور جاپانی کے سوا دنیا میں جتنی زبانیں ہیں ان سب میں یہی حرف شکلیں بدل کر اور کچھ کمی بیشی کے ساتھ رائج ہوئے۔

لکھنے پڑھنے کے علاوہ اور علم بھی تھے جو اس زمانے میں حاصل کیے گئے۔ وقت کو سالوں میں، سال کو مہینے اور ہفتے، دن کو پہروں میں سب سے پہلے بابل والوں نے تقسیم کیا اور دھوپ گھڑی سب سے پہلے انہی نے بنائی۔ ستاروں اور برجوں کے نام انہی نے رکھے اور شبھ گھڑی نکالنے اور ستاروں سے فال دیکھنے کی رسم انہوں نے شروع کی، مصریوں نے جنتری بنائی، اور حساب اور اقلیدس یا (GEOMETRY) میں انہوں نے جو کمال حاصل کیا اس کے ثبوت کے لیے اہرام مصر یعنی PYRAMIDS موجود ہیں۔ ان میں جو سب سے بڑا ہے وہ سیکڑوں من وزنی پتھروں سے بنا ہے جن کی کل تعداد ۲۰ لاکھ کے قریب ہو گی۔

یہ پتھر بغیر چونے مسالے کے ایسی صفائی سے بٹھائے گئے ہیں کہ ان کے جوڑ مشکل سے دکھائی دیتے ہیں اور ہزاروں برس میں اپنی جگہ سے رتی بھر بھی نہیں سرکے ہیں۔ یہ عمارت نیچے ۷۴۸ فٹ مربع ہے اور اونچائی میں ۴۴۰ فٹ یعنی قطب مینار سے کوئی دو سو فٹ زیادہ ہے۔ جن لوگوں نے ان وزنی پتھروں کو کاٹ کر اور تراش کر اتنی بلندی پر پہنچایا وہ اناڑی نہیں تھے اور ان کی اس یادگار کو دیکھ کر ہمیں اپنے علم پر زیادہ گھمنڈ نہ کرنا چاہیے۔ کہتے ہیں کہ بابل میں بھی ایسی ہی ایک اونچی اور عالیشان عمارت تھی، مگر آسمان نے اس کی بلندی پر رشک کھا کر اسے زمین میں سے ملا دیا۔

جہاں ایسی عمارتیں بنائی جا سکتی تھیں وہاں سمجھیے خوبصورت شہر اور مکان بنانا

بائیں ہاتھ کا کھیل تھا۔ مصر، عراق، کریٹ اور ہمارے ہندوستان کے اندر موہنجوڈارو اور ہڑپا میں شہر کے شہر زمین سے کھود کر نکالے گئے ہیں۔ ان کے کھنڈروں سے ہم اس رونق کا کوئی اندازہ نہیں لگا سکتے جو زندگی اور آبادی کے ساتھ آتی اور جاتی ہے، مگر ہم یہ دیکھتے ہیں کہ یہ شہر پھیلاؤ میں آج کل کے قصبوں سے کچھ کم نہیں، مکان اینٹ اور چونے کے بنے ہوئے اور تین تین چار چار منزل اونچے ہیں۔ سڑکیں چوڑی ہیں اور گندے پانی کے نکاس کا اچھا انتظام ہے۔

اب اس میں کیا شک ہو سکتا ہے کہ جو لوگ یہاں رہتے تھے وہ نہایت ہی شائستہ تھے۔ ان کھنڈروں میں ہمیں بہت ہی خوش نما برتن اور زیور ملے ہیں اور جس طرح آج کل ایک ملک کی بنی ہوئی چیزیں دوسرے ملکوں میں پہنچتی ہیں ویسے ہی اس وقت بھی ایک جگہ کی چیزیں دوسری جگہ جاتی تھیں اور ایک جگہ کے فیشن اور رسم کی دوسری جگہ نقل کی جاتی تھی۔ ریل اور ہوائی جہاز نہ ہونے پر بھی اس زمانے کی دنیا تنگ یا چھوٹی نہیں تھی۔

سب سے زیادہ تعجب تو اس وقت ہوتا ہے جب ہم مورتوں اور تصویروں میں اس زمانے کے لوگوں کی صورتیں دیکھتے ہیں اور ان کی صحبتوں اور دلچسپیوں کا نقشہ ہمارے سامنے پیش کیا جاتا ہے۔ عراق، مصر اور کریٹ کے لوگوں نے بس یہی نہیں کیا کہ ایسے قانون اور زندگی کے ایسے اصول بنائے جن سے ان کی تہذیب مدتوں قائم رہی یا علم اور فن کو ایسے درجے پر پہنچایا کہ ان کے کارنامے دیکھنے والوں کو حیرت میں ڈال دیں۔

زندگی کی تمام ضروریات کو پورا کرنے کا انہوں نے ایسا انتظام کر لیا تھا کہ

انہیں اپنی معاشرت کو طرح طرح کی نفاستوں سے سنوارنے کا موقع تھا، ان کی صورتوں سے شائستگی ٹپکتی تھی، وہ مہذب میل جول کے آداب سے واقف تھے، ان کی عورتوں نے وہ تمام ترکیبیں معلوم کرلی تھیں جن سے ناک نقشے یا ڈیل ڈول کی کسر پوری کی جاتی ہے اور آرائش کے اس فن کے قدردان بھی کم نہ تھے۔ دریا اور باغوں کی سیر، دعوتیں، محفلیں، یہ سب روزمرہ کی باتیں تھیں۔ اہل فن کی قدر، پردیسیوں کی خاطر مدارات، محتاجوں کی مدد، اس میں ہم آج تک کوئی ایسا ڈھنگ نکال نہیں سکے جس کی انہیں خبر نہ تھی۔ تہذیب کا اجالا جیسا اب ہے ویسا ہی کچھ تب بھی تھا۔

***

۵

مشرق و مغرب

شروع کے تین چار ہزار برس میں آدمی نے جو تہذیبی دولت کمائی، اپنے آپ کو جس طرح سدھارا اور اپنی زندگی کو سنوارا، وہ میں بیان کر چکا ہوں۔ اس کے بعد کی جو تاریخ ہے، اس میں یہی سرمایہ دوبارہ کاروبار میں لگایا گیا، کچھ نیا مال لین دین میں آیا، کچھ نئی منڈیاں تلاش کی گئیں اور دنیا کا بازار پھر گرم ہوا۔

ہماری کہانی کا سلسلہ اب آریوں کے آنے سے شروع ہوتا ہے یعنی کوئی چار ہزار برس پہلے سے جب آریوں نے جنوبی یورپ، ایشائے کوچک، ایران اور ہندوستان پر قبضہ کیا، صرف سامی نسلیں، یعنی وہ لوگ جو شام، فلسطین اور عرب میں آباد تھے، آریوں کے اثر سے کسی قدر بچے رہے، ورنہ ہمیں آریوں سے پہلے کی تہذیب کا جو حصہ ورثے میں ملا ہے، اس پر آریوں کی مہر لگی ہوئی ہے اور وہ انہیں کی دین معلوم ہوتی ہے۔ اب بڑی محنت اور سراغ رسانی کے بعد پتہ چلا ہے کہ یہ مکان جسے آریہ اپنا خاندانی گھر کہتے آئے ہیں، صل میں ایک سرائے ہے جہاں بہت سے مسافر ٹھہر چکے ہیں اور اس جائداد پر جو آریہ اپنے سپوتوں کے لیے چھوڑ گئے ہیں، بہیتروں کا حق پہنچتا ہے۔

ہندوستان میں دیکھیے تو دراوڑ برابر کے حصے دار ہونے کا دعوی کرتے ہیں۔ ہندوستان کے باہر یونانیوں کی تہذیب، آریوں کی مالا کا سب سے آب دار موتی معلوم ہوا ہے کہ کہیں اور کی سیپ میں نکلا، اگرچہ آب اسے یونانیوں نے دی۔ یہ سب سہی، پھر بھی ہم یہ نہیں کہہ سکتے کہ آریوں کے زمانے میں دنیا کا وہی رنگ رہا جو پہلے تھا۔ جدھر بھی آنکھ اٹھا کر دیکھیے، ان کے ہاتھوں دنیا کے بننے اور بگڑنے کے آثار نظر آتے ہیں۔

یہ ہمیشہ سے ہوتا چلا آیا ہے کہ ہر مخالفت مذہبی مخالفت بن جاتی ہے۔ اس لیے کہ مذہب ایسی چیز ہے جس کی آڑ ہر اچھی اور بری غرض، اچھا اور برا حوصلہ، ہر ضد اور ہر ضرورت، ہر تعصب اور ہر عقیدہ لے سکتا ہے۔ آریہ چونکہ سرد ملکوں کے رہنے والے تھے اس لیے آگ کی قدر کرتے کرتے آتش پرست ہو گئے تھے، مگر وہ آئے ایسے ملکوں میں جہاں گرمیوں میں آگ برستی تھی اور جہاں سورج کے سامنے صبح شام سر جھکا لینا آگ کا احسان ماننے کے لیے کافی تھا۔ اس طرح وہ دشمنی جو لڑائی میں ہارنے اور جیتنے والے کے درمیان ہو ہی جاتی ہے، مذہبی عداوت بن گئی۔

آریوں نے اپنے سے پہلے کے لوگوں کو بے دین اور ناپاک ٹھہرایا اور اپنی بات پر انہیں اتنا یقین تھا کہ بعد کی نسلوں کو بھی انہوں نے اپنا ہم خیال بنا لیا، لیکن اب ہمیں معلوم ہو گیا ہے کہ مذہب اور تہذیب میں آریہ اپنی دشمنی کو برت نہیں سکے۔ کیا ہندوستان اور کیا یونان اور ایران جہاں دیکھیے الگ الگ دیوتاؤں کی جگہ ایک دیوتا کے بہت سے نام ہو گئے، الگ الگ مذہبوں کی جگہ ایک مذہب ہو گیا، جس میں سب عقیدے اور رسمیں شامل تھیں۔ ہم تک جو چیز پہنچی وہ مکمل تھی، اس میں

کہیں جوڑ کا پتہ نہیں تھا اور آریوں نے اسے اس طرح اپنا لیا تھا کہ اس میں غیروں کے عقیدے اور جذبات کے موجود ہونے کا ہمیں سان گمان بھی نہ ہو سکتا تھا۔

لیکن تعجب ہے کہ دوسرے کے مذہبی خیالات سے اتنا اثر لینے پر بھی آریوں نے اپنی نسل کو سب سے الگ رکھنے کے لیے بڑے جتن کیے اور دنیا میں ایک ایسا فتنہ پیدا کر گئے جس کا نتیجہ ہم اب تک بھگت رہے ہیں اور اب بھی یہ پاپ کاٹے نہیں کٹتا۔ ہندوستان میں ذاتوں کی جو تقسیم ہے، اس کی باریکیوں سے آپ لوگ واقف ہیں اور اسے سمجھانے کے لیے جو دلیلیں پیش کی جاتی ہیں کہ ذات کی تقسیم نہیں ہے، کام کی ہے، اس کی بدولت سماج ایک مضبوط قلعہ بن گیا ہے جسے اب تک کوئی فتح نہیں کر سکا، یہ سب بھی آپ نے سنا ہو گا۔ اسی کی بدولت ہزاروں لاکھوں آدمی اچھوت بنا کر جانوروں سے زیادہ حقیر اور ذلیل کر دیے گئے، اور اب سمجھ میں نہیں آتا کہ انہیں آدمیوں کا مرتبہ کیسے دیا جائے۔

نسل کا یہی گھمنڈ ہمیں یونان میں بھی ملتا ہے۔ اگرچہ یونانیوں کا جن نسلوں سے سابقہ پڑا وہ رنگ میں اور ڈیل ڈول میں ان سے کم نہ تھیں۔ یونانی صاف صاف کہتے تھے کہ حکومت کرنا، شہریوں کی حیثیت اور شہریوں کے حقوق رکھنا خاص ہم لوگوں کا حصہ ہے اور قدرت کا منشا یہ ہے کہ ہم محنت مشقت کے کام اپنے غلاموں سے لے کر اپنا سارا وقت مہذب دلچسپیوں میں صرف کریں۔ "ہم" سے مطلب آریہ نسل کی ایک شاخ تھی جو ہیلنز (HELLENES) کہلاتی تھی اور جو ایک خاص وقت میں موجودہ یونان اور ایشائے کوچک میں سمندر کے کناروں پر آکر آباد ہوئی۔

یہ ہیلنز اپنے ان بھائی بندوں کو جو بلقان اور اس کے اتر میں آباد تھے، وحشی کہتے تھے۔ مشرق کے سب لوگ ان کے نزدیک "ایشیائی" تھے اور "ایشیائی" سے برا توہین کا لفظ یونانیوں کی لغت میں نہیں تھا۔ یونانی اپنا حق سمجھتے تھے کہ ان لوگوں میں سے جو بھی لڑائی میں قید ہوں، بازار میں مول ملیں یا کسی طرح قبضے میں آجائیں انہیں وہ غلام کہیں اور اپنے کھیتوں میں، اپنی دھاتوں کی کانوں میں، اپنے شہروں میں اور گھروں میں جس طرح چاہیں ان سے کام لیں۔ یونان میں کبھی کبھی یہ بھی ہوتا تھا کہ مصیبت اور افلاس کی وجہ سے خاص یونانی نسل کے لوگ بھی غلام بن جاتے تھے تو اس سے آزاد یونانیوں کو دردناک ڈراموں اور نظموں کے لیے ایک بہت اچھا موضوع مل جاتا تھا۔ ان کے عقیدے اور اصول میں فرق نہیں آیا، اور جب تک یونانی آزاد رہے وہ اپنی نسل کے خداداد حق کو جتاتے رہے۔

ہندوستان اور یونان کے سوا آریہ اور کہیں نسل کے امتیاز اور اپنی برتری کو مذہب اور قانون میں شامل نہیں کر سکے۔ ایران کے آریوں کی نسبت ہمیں معلوم بہت کم ہے۔ ہم یہ تو جانتے ہیں کہ ان کے یہاں مذہبی رسمیں ادا کرنے کے لیے پروہت ہوا کرتے تھے اور پروہت وہی ہوا کرتا تھا جس کا باپ پروہت ہو لیکن ایران کے پروہت شاید بادشاہوں اور سپاہیوں کو اس طرح اپنے پھیر میں نہ لاسکے کہ پیشے اور کام کی تقسیم کو ذات کی تقسیم بنادیں اور ذات کی تقسیم کو دھرم کی بنیاد ٹھہرائیں۔ ادھر یورپ میں روم کے جو آریہ تھے وہ صرف وقت کی مصلحت دیکھتے تھے۔ نسل اور خاندان پر گھمنڈ انہیں بھی تھا۔ لیکن انہوں نے اپنا فائدہ اس میں دیکھا کہ اس گھمنڈ کو دوسروں کے لیے بہت زیادہ ناگوار نہ ہونے دیں۔

رومی سلطنت کے تباہ ہونے پر وہ آریہ قبیلے جو اس وقت تک وحشی سمجھے جاتے تھے، میدان میں آئے۔ ان لوگوں میں عیسائی مذہب نے جو کہ یہودیوں یعنی سامی نسل کے لوگوں کا مذہب تھا، نسل کے احساس کو بہت کچھ دبایا مگر اسے مٹا نہ سکا۔ کچھ بہت دن نہیں ہوئے ہٹلر اور ان کے پیروؤں نے ڈنکے کی چوٹ اعلان کیا تھا کہ آریہ اور غیر آریہ کبھی بھائی بھائی نہیں ہو سکتے۔ ان کی قسمت الگ ہے اور غیر آریہ اپنی تقدیر کا لکھا پورا کرنے پر مجبور کیے جائیں گے۔

لیکن اب نسلوں میں فرق کرنا یونیورسٹی کے پروفیسروں کا کام ہو گیا ہے اور دولت نے دوسروں کی محنت اور ضروریات سے فائدہ اٹھانے کے لیے ایسے ڈھنگ نکال لیے ہیں جو غلامی کے پرانے طریقے سے بہت زیادہ کارآمد ہیں۔ آج کل کے غلام اپنے آقاؤں کے لیے زیادہ سے زیادہ محنت کرتے ہیں اور بجائے اس کے کھانے کپڑے کا ذمہ آقاؤں پر ہو، وہ اپنے آقاؤں کی بنوائی ہوئی چیزیں خرید کر ان کی دولت دن دونی رات چوگنی کرتے رہتے ہیں۔ پھر بھی خدا کا شکر ہے کہ آج کل غلام رکھنا قانون کے خلاف ہے۔

آریوں نے نسل کی جو تفریق پیدا کی، اسے دنیا کی اور نسلوں نے سر جھکا کر تسلیم نہیں کر لیا، بلکہ دنیا کی تاریخ کا جوہر وہ بغاوتیں ہیں جن میں مساوات یعنی آدمی آدمی کے برابر ہونے کی تعلیم دی گئی۔ ہندوستان میں گوتم بدھ نے، فلسطین میں عیسائی مذہب نے اور عرب سے نکل کر اسلام نے مساوات کا جھنڈا لہرایا اور اس کے نیچے مظلوموں کو پناہ دی۔ ان مظلوموں کا ذکر ہم بعد کو کریں گے۔ یہاں پر ہمیں انسانوں کی تفریق کے ایک اور پہلو کو جتانا ہے جس کا تاریخ پر بہت اثر پڑا اور جو

ہمیں دنیا کی کہانی سمجھنے اور اسے یاد کرنے میں بڑی مدد دے گا۔ یہ ہے مشرق اور مغرب کا فرق۔ اسے جغرافیے نے یا دنیا کو، اتر، دکھن، پورب، پچھم چار حصوں میں تقسیم کرنے کی ضرورت نے پیدا نہیں کیا، یہ انسانی زندگی کے معنی اور مقصد بتانے، زندگی بسر کرنے کے قاعدے بنانے اور دلوں میں حوصلہ پیدا کرنے کے الگ الگ طریقوں کا نام ہے۔

مشرق اور مغرب دوسرے ہیں، جن کے بیچ میں ہماری زندگی چکر لگاتی رہی ہے، جو کبھی مل گئے ہیں کبھی ٹوٹ کر ہماری دنیا کو آدھی ادھر، آدھی ادھر گھسیٹ لے گئے ہیں۔ معلوم نہیں مشرق اور مغرب کی یہ تفریق ہماری قسمت میں تھی یا اتفاق سے پیدا ہو گئی، بہرحال اس کے موجود ہونے میں شک نہیں۔

یہ تفریق ہمیں اس وقت سے نظر آتی ہے جب یونانیوں کو اپنے دیس میں آباد ہوئے کئی سو برس ہو چکے تھے اور وہ وحشی نہیں رہے تھے بلکہ آس پاس کی قوموں سے کچھ سیکھ کر اور اسے اپنی طبیعت کے مناسب رنگ دے کر انہوں نے ایک نئی تہذیب کی بنیاد رکھی تھی اور اسے ترقی دینے کی کوشش کر رہے تھے۔ اسی زمانے میں ایرانی آریوں کی قوت بڑھ رہی تھی اور جب ایرانی سامراج مغرب کی طرف پھیلتے پھیلتے بحر روم کے ساحل تک پہنچا، جہاں یونانی آباد تھے، تو دونوں کی ٹکر ہو گئی۔ دیکھنے میں تو دونوں کا کوئی مقابلہ نہ تھا۔ لیکن یونانیوں نے پہلے ۴۹۰ ق م میں اور پھر اس کے دس برس بعد ایرانیوں کو شکست دی۔

ان لڑائیوں کو کوئی ڈیڑھ سو برس ہوئے تھے جب سکندر اعظم نے ایران کی عظیم الشان سلطنت کو نیست و نابود کر دیا۔ ہار جیت اکثر اتفاق سے ہوتی ہے، لیکن

ایرانیوں کی اس شکست میں ایک بھید تھا اور وہ یہ کہ یونانیوں نے اپنی زندگیوں کو ایسی شکل دی تھی اور اپنے حوصلوں کو ایسے سانچے میں ڈھالا تھا کہ تعداد اور مال و دولت میں بہت کم ہوتے ہوئے بھی وہ ایرانیوں کی سی طاقت پر غالب آسکتے تھے۔ یونانی صحیح معنوں میں آزاد تھے، اپنی چھوٹی چھوٹی ریاستوں سے انہیں بڑی محبت تھی، اور ہر روشن خیال یونانی کا یہ حوصلہ تھا کہ وہ اپنی استعداد کے مطابق ریاست کی خدمت کر کے دکھائے۔

ایرانیوں کو جو آزادی تھی وہ شخصی تھی، سیاسی آزادی کا انہیں کوئی احساس نہیں تھا۔ ان کی ریاست اتنی بڑی تھی کہ ان کو اس سے کوئی گہرا ذاتی لگاؤ ہو ہی نہیں سکتا تھا اور اپنی استعداد کا ثبوت دے کر بادشاہ کی نظروں میں عزت، اس کے دربار میں مرتبہ حاصل کرنے کے سوا ان کی ہمت بڑھانے کو اور کوئی جذبہ نہ تھا۔ ایران کی سلطنت یونان کی چھوٹی ریاستوں سے زیادہ عرصہ تک قائم رہی، لیکن وہ ایرانیوں کو وطن پرست نہ بنا سکی کیونکہ وہاں حکومت بادشاہ کی مرضی سے ہوتی تھی۔ بادشاہ کے منصوبوں سے رعایا کو ذرا بھی مطلب نہ ہوتا تھا۔

ایرانی فوج کے سپاہی پیشہ ور تھے۔ اپنے بادشاہ کے حکم سے اور خود نام پیدا کرنے کے لیے لڑتے تھے۔ ان کے دلوں میں قوم، وطن، تہذیب کا درد نہ تھا۔ یونانی اپنی ریاستوں کا سارا کاروبار خود کرتے تھے۔ ان کے دلوں میں ہر خطرے کے وقت اپنے ذاتی نقصان سے بڑھ کر قوم، وطن، تہذیب کی آبرو کا خیال رہتا تھا اور اسی وجہ سے وہ ایرانی سے زیادہ کامیاب سپاہی نکلے۔

یورپ کے مؤرخ ان لڑائیوں کو یورپ اور ایشیا کا پہلا مقابلہ سمجھتے ہیں اور

یونانیوں کی فتح کو یورپ والوں کی آئندہ ترقی اور عظمت کا نیک شگون ٹھہراتے ہیں۔ لیکن یہ صرف ان کی خود پسندی اور ان کا گھمنڈ ہے۔ ہم یقین کے ساتھ کہہ سکتے ہیں کہ اگر یونانی ہار گئے ہوتے تب بھی موجودہ زمانے کے یورپی مؤرخ اس واقعے کی ایسی تعبیر کرتے کہ سہرا یونانیوں یعنی یورپ والوں کے سر رہتا۔ یورپ اور ایشیا، مغرب اور مشرق کا جو فرق ہے وہ وحشیانہ اور مہذب، اعلی اور ادنی اور غلط اور صحیح زندگی کا نہیں ہے، صرف حالات کا فرق ہے۔ یورپ میں جو لوگ آباد ہوئے انہیں چھوٹے چھوٹے اور اکثر قدرتی طور پر تقسیم کیے ہوئے ملک ملے۔ ان کی زندگی کا پیمانہ اتنا چھوٹا تھا کہ وہ الگ الگ قومیں بن سکتے تھے اور ہر قوم اپنے کاروبار کو اپنا جان کر سنبھال سکتی تھی۔ ملکوں کی تقسیم ایشیا میں بھی ہے، لیکن یہاں ہر ملک ایک بر اعظم ہے، اس کے تمام باشندوں میں اپنائیت کا احساس عموماً سیاسی اتحاد کی شکل اختیار نہیں کر سکا، اس وجہ سے وہ ملک کے کاروبار کو نہ اپنا سمجھے اور نہ اس سے جتنی دلچسپی کہ چاہیے، رکھ سکے۔

دوسری بات یہ ہے کہ نئی نسلیں سب ایشیا میں پیدا ہوئیں اور سب نے جوان ہوتے اور زور پکڑتے ہی جنوب کے ملک پر، جو تہذیب کے مرکز تھے، دھاوا کیا۔ وہ لاکھوں کی تعداد میں لڑنے مرنے کے لیے آتی تھیں، اور انہیں روکنے کے لیے ضروری تھا کہ دوسری طرف سے بھی لاکھوں مقابلہ کے لیے آئیں یعنی اگر ایشیا کے ملک چھوٹے ہوتے، اور نئی نسلوں کا دھارا اسی زور کے ساتھ بہتا رہتا تو یہ چھوٹی ریاستیں خود بخود بڑھ جاتیں، قوم کا خیال مٹ جاتا اور ویسی ہی بڑی ریاستیں قائم ہوتیں جیسی کہ ہمیں اپنی تاریخ میں ملتی ہیں۔

زندگی کا پیمانہ ایک طرف چھوٹا اور دوسری طرف بڑا ہونے سے لوگوں کی طبیعتوں پر بھی بہت گہرا اثر پڑا۔ یورپ کے وہ عالم جو مشرق والوں کے ہمدرد بنتے ہیں، اس فرق کو اس طرح سمجھاتے ہیں کہ مشرق میں لوگوں کا میلان روحانیت کی طرف ہے اور مغرب میں دنیا کی طرف، ایک کو فلسفے اور مذہب میں ڈوبے رہنے کا شوق ہے، ایک کو دنیاوی زندگی کی اصلاح اور ترقی کا حوصلہ ہے۔ لیکن یہ مشرق والوں کی دلجوئی کا ایک طریقہ یا خالی ایک ڈھکوسلا ہے، کیوں کہ ہم کو اگر بہت بڑے پیمانے پر زندگی کا انتظام کرنا پڑا اور ہم سیکڑوں برس انتظام کرتے رہے، مگر اس ڈھنگ سے نہیں جیسے کہ یورپ میں ہوا ہے، اس لیے کہ حالات کو دیکھتے ہوئے یہ ممکن ہی نہ تھا، تو اس سے یہ ثابت نہیں ہوتا کہ ہم میں انتظام کرنے کی قابلیت نہیں۔

نوع انسانی کو جتنے ہادیوں اور پیغمبروں نے مذہب کی صورت میں حق کا پیغام پہنچایا، وہ سب ایشیا کے رہنے والے تھے، لیکن اس بات کو کہ جس پر یورپ والوں کو رشک کرنا چاہیے وہ ایک کلنک کا ٹیکہ بنا کر دکھاتے ہیں۔ حقیقت یہ ہے کہ سیاسی رشتہ چھوٹی جماعتوں کو متحد رکھ سکتا ہے، جب بڑھ جائیں تو ان میں سوائے مذہب اور اخلاق کے ربط قائم رکھنے کی اور کوئی صورت ہو نہیں سکتی۔ ایشیا میں جمہوری حکومت نہیں تھی، اس لیے کہ ان حالات میں جمہوری حکومت کام کو سنبھال نہیں سکتی تھی۔ ایشیا میں وطن پرستی نہیں تھی کیونکہ ایشیا کے ملک بڑے ہیں اور وطن کا تصور تنگ ہے۔

لیکن مشرق اور مغرب والوں کی طبیعتوں اور رجحانات کے اختلاف سے ہم انکار نہیں کر سکتے۔

مشرق میں چھوٹی باتیں لوگوں کی نظروں میں نہیں جچتیں۔ یہاں تو ایسا نظام، ایسے اصول، ایسے عقیدوں کا سہارا چاہیے جن میں مشرق کی سی بے پایاں، بے کراں زندگی پوری پوری سما سکے اور لوگوں میں سہارے کی تمنا اتنی شدید ہو سکتی ہے کہ وہ اپنے اصول اور عقیدے دل میں لے کر بیٹھ رہیں اور اپنی دنیا اور اپنی زندگی سے غافل ہو جائیں۔ دوسری طرف یعنی مغرب میں اصول اور عقیدے کی کوئی خاص قدر نہیں رہی ہے، چھوٹی سی چیز کو ذرا سا ٹھکانا چاہیے، مغرب والوں کا یہ ٹھکانا ان کی حکمت عملی اور مصلحت تھی۔ یہ طریقہ ہے تو بہت کار آمد کہ خرابی دیکھو تو اسے دور کرو، ضرورت دیکھو تو اسے پورا کرو اور خیالی باتوں میں نہ پڑو، لیکن وہ مسافر بھی جو اپنی نظر سامنے ہی کی زمین پر جمائے رہے رستہ بھول سکتا ہے، کہ صحیح سمت کا پتہ لگانے کے لیے دور کی چیزوں کو آسمان اور اس کے چاند تاروں کو بھی دیکھنے کی ضرورت ہے۔

اس طرح مشرق اور مغرب دونوں میں لوگوں نے انتہا پسندی سے نقصان اٹھایا ہے۔ لیکن دنیا کے دونوں حصوں میں میانہ روی اور اعتدال کو پسند کرنے والے بھی ہوئے ہیں۔ اس لیے میں اگر دنیا کی کہانی کو مشرق اور مغرب کی تاریخ میں تقسیم کر دوں تو آپ بس یہ سمجھیے گا کہ ہماری زندگی ایک بڑا سا سمندر ہے جس میں کبھی ایک طرف لہریں زیادہ اٹھتی ہیں کبھی دوسری طرف، موجوں کو ابھارنے والی طاقت ایک ہے، ان کے تڑپنے اور اچھلنے کی امنگ ایک۔

***

٦

سیکولرازم اور تصوف

فکر و نظر کی دنیا میں آج کل جو مسلمہ فیشن ہیں ان میں سے ایک سیکولرازم بھی ہے۔ بہت کم لوگ صحیح صحیح جانتے ہیں کہ سیکولرازم ہے کیا، سوائے اس کے کہ یہ کوئی مذہب نہیں ہے۔ حالاں کہ ایسے لوگ بھی ہیں جو سیکولرازم کا دم تو بھرتے ہیں کیونکہ اسے ایسی بات سمجھا جاتا ہے جسے روشن خیال لوگوں کو ماننا ہی چاہئے۔ لیکن وہ سیکولرازم کا دم بھرنے کے باوجود ایسی باتوں پر بھی عمل کرتے رہتے ہیں جن کی ان کے مذہب میں تاکید کی گئی ہے۔

ایسے لوگ بھی ہیں جو اپنے آپ کو سیکولر کہتے ہیں، صرف اس لیے کہ کوئی ان سے یہ نہ پوچھے کہ زندگی کا اصل مقصد اور نصب العین کیا ہے۔ ایسے لوگ بھی ہیں جو سارے مذہبوں کو نیک نیتی سے دیکھتے ہیں اور یہ امید کرتے ہیں کہ سیکولرازم کو عام طور پر اپنا لینے سے مذہبی مناقشات ختم ہو جائیں گے۔ سیکولرازم میں یقین رکھنا گویا ایسا ہے جیسے محفوظ ہو جانا کیوں کہ پھر کوئی یہ نہیں پوچھتا کہ آپ اس پر کیوں یقین رکھتے ہیں۔ یہ تو ایک فیشن ہے اور فیشن کی صرف پیروی کی جاتی ہے، اسے جانچا نہیں جاتا۔

سیکولرازم کو سمجھنے کا بہترین طریقہ یہ ہے کہ اس کی تاریخ پر غور کیا جائے۔ یہ ایک لاطینی لفظ سے نکلا ہے جس کے معنی ہیں نسل یا دور، بطور صفت سیکولر کے کئی معنی ہیں اور بطور اسم اس کے معنی ہیں پادری۔ دور وسطی کی عیسائی دنیا میں آدمیوں اور معاملات (یعنی انسانی سرگرمیوں) کی دو قسمیں تھیں: مذہبی اور دنیوی۔ ایسے آدمی بھی تھے جو اعلیٰ مذہبی زندگی گزارتے تھے یا گزارنے کی تمنا کرتے تھے اور دوسرے وہ لوگ تھے جو محض ارضی مخلوقات (یعنی دنیادار) ہی رہنے پر قانع رہتے تھے۔ ریاضتیں، تجرد (کی زندگی) اور نفس کشی کی دوسری صورتیں اور ان کا تعلق چرچ یعنی کلیسا سے ہوتا تھا، جس میں پادریوں کی حسب مراتب ترتیب (یا درجہ بندی) اور خانقاہی سلسلے ہوتے تھے۔

دنیادار آدمی اپنی زندگی طاقت اور دولت حاصل کرنے کی کوشش میں بسر کرتے تھے یا اپنے اپنے طور پر جس طرح بھی خوش رہ سکیں۔ نظریاتی اعتبار سے مذہبی زندگی برتر زندگی سمجھی جاتی تھی لیکن کلیسا کو بھی اپنے آپ کو قائم رکھنے کے لیے طاقت اور دولت کی ضرورت ہوتی تھی اور اس وجہ سے بادشاہوں اور شہزادوں سے ان کی ان بن بھی ہو جاتی تھی، جو طاقت اور دولت کو اپنا ہی حق سمجھتے تھے۔ آہستہ آہستہ یوروپ کے اس بڑے حصے میں جو فکر و نظر اور معاشی اعتبار سے سب سے زیادہ فعال (یا عملی) تھا، مذہبی آدمیوں اور مذہبی معاملات یا سرگرمیوں کی قدرومنزلت ختم ہو گئی، مذہبی آدمیوں کی اس لیے کہ وہ جارحانہ حد تک تنگ نظر ہوتے تھے اور مذہبی سرگرمیوں کی اس لیے کہ انہیں (دنیا سے) غیر متعلق سمجھا جانے لگا۔

سیاسی اور معاشی طاقت کو بڑھاتے رہنا ہی زندگی کا مقصد بن گیا اور خوشی کا مطلب یہ سمجھا جانے لگا کہ یہ خوشی کے ذرائع کو قبضہ و تصرف میں لینے سے حاصل ہو جاتی ہے۔ سیکولرازم کی تاریخ سے اس کے مطلب و معنی پر جو روشنی پڑتی ہے اس پر عقیدہ رکھنے کا مطلب یہ ہے کہ ہمیں اپنی تمام تر توجہ مادی دنیا پر مرکوز کر دینی چاہیے اور جو کچھ ہم اس سے حاصل کر سکتے ہیں، ہمیں وہ حاصل کر کے اچھی سے اچھی طرح زندگی گزارنی چاہیے۔ ہمارے زمانے میں سائنس اور ٹیکنولوجی کی ترقی اور معاشی اعتبار سے ترقی یافتہ ممالک میں بلند معیار زندگی کو براہ راست سیکولر انداز نظر کا نتیجہ سمجھا جاتا ہے۔

لیکن آدمی کی سرشت کچھ ایسی ہے کہ وہ تمام تر صرف مادی زندگی ہی پر قانع نہیں رہ سکتا۔ طرح طرح سے اور زیادہ تر سیکولرازم اور سیکولر انداز نظر کی طرف راغب تو ہو جاتا ہے لیکن اس کی فطرت کچھ ایسی ہے کہ اسے مادی ضروریات اور مادی وجود (کے ہوتے ہوئے بھی) ماورا کے بارے میں سوچنے پر مائل کر دیتی ہے۔ اس لیے جب سیاسی مدبر، سائنس داں اور بورژوا یعنی شہری متوسط طبقہ یا کارخندار entrepreneur اور اہل دانش کی کامیابیوں کی وجہ سے سیکولرازم کا ڈنکا بج رہا تھا تو سیکولر انداز نظر اور مذہبی انداز نظر میں ایک معاہدہ ہو گیا، یعنی آدمی جتنا بھی مذہبی ہونا چاہیے ہو جائے، لیکن اس کا مذہب اسی تک رہے، اسے یہ حق نہ ہو کہ وہ یہ چاہے کہ دوسرے بھی اس سے متفق ہوں۔ مذہبی آزادی کا تو اسے حق ہو لیکن (اس کی بنیاد پر) طاقت (کے حصول) کا نہیں۔ اس کا مذہب اس کی ذات تک رہے، خالصتاً سیکولر معاملات سے اسے کوئی واسطہ نہ ہو۔

ہم نہیں کہہ سکتے کہ اس معاہدہ پر پوری طرح عمل ہو رہا ہے (کیونکہ ہم دیکھتے ہیں کہ) سیاست تک میں اور بہت سے انتہائی ترقی یافتہ ممالک تک میں خالصتاً سیکولر معاملات پر مذہبی تعلقات کا اثر پڑتا ہے۔ کچھ لوگ تو یہ کہتے ہیں اور وہ بے وجہ نہیں کہتے کہ کوئی بھی معاملہ اتنا سیکولر اور محض سیکولر نہیں ہو سکتا جس سے کسی نہ کسی حد تک مذہبی عقیدے پر اثر نہ پڑے۔ سیکولر انداز نظر کی سب سے نمایاں تردید (یا مخالفت) وہ طاقت اور قدر و منزلت ہے جو رومن کیتھولک چرچ کو حاصل ہے۔ لیکن یہ کہنے کا مطلب ذاتی مذہب کے بجا ہونے کا یا اس کے اس گہرے اثر کا انکار کرنا نہیں ہے جو ان لوگوں پر بھی ہوتا ہے جو سیکولرازم کا دم بھرتے ہیں۔ سچا مذہبی عقیدہ ہمیشہ شدید طور پر ذاتی ہی ہوتا ہے۔

اس ذاتی مذہب میں یقینی طور پر سب سے زیادہ زور خلوص پر ہوتا ہے۔ اور یہ تمام مذاہب کے درمیان ایک کڑی کی مثال ہے، اگرچہ وہ خارجی (یا ظاہری باتوں کے) اعتبار سے ایک دوسرے سے بہت مختلف ہوتے ہیں لیکن اصل کے اعتبار سے ایک۔ سیکولرازم اور صوفی ازم (تصوف) کے درمیان بھی یہ ایک کڑی کا کام کرتا ہے۔

صوفی ازم یا تصوف صدیوں سے مسلمانوں میں دانشوری کا ایک فیشن تھا۔ جس طرح سیکولرازم غیر مذہبی ہے لیکن اگر کوئی مجبوری آن پڑے تو مذہب کے خلاف بھی ہو سکتا ہے، اسی طرح تصوف بھی اگرچہ راسخ الاعتقادی نہیں ہوتا تھا (غیر تقلیدی ہوتا تھا) لیکن وہ راسخ الاعتقادی کا مخالف بن سکتا تھا۔ شاعر تصوف کے اس پہلو کو جان بوجھ کر اور مستقل نمایاں طور پر پیش کرتے رہے۔ وہ ظاہر پرست

زاہدوں کی منافقت کا مذاق اڑاتے نہیں تھکتے تھے۔ لیکن راسخ الاعتقادی کی قدر و منزلت سے تصوف کا یہ انکار تو تصوف کا ایک کم اہم پہلو تھا۔ اس کے مثبت عناصر تو دراصل اس کے اس دعوے میں (مضمر) تھے کہ آدمی اور اس کے پیدا کرنے والے میں براہ راست رشتہ ہو سکتا ہے، اس رشتے کے قائم ہونے میں کسی ایک یا ان تمام وسیلوں کی ضرورت نہیں تھی، جنہیں راسخ الاعتقاد لوگ لازمی سمجھتے تھے۔ اس کے ان مثبت عناصر میں یہ یقین بھی شامل تھا کہ بندے اور خدا کا رشتہ 'شیخ' کی رہنمائی میں سب سے زیادہ بہتر طور پر قائم ہو سکتا ہے۔ لیکن 'شیخ' کی رہنمائی اسی وقت تک ضروری ہوتی تھی جب تک 'مرید' روحانی اعتبار سے اپنے پیروں پر کھڑا نہ ہو جائے اور جب وہ اس قابل ہو جاتا تھا تو پھر وہ شیخ کا مرتبہ سنبھال لیتا تھا اور دوسروں کے لیے رہنما بن جاتا تھا۔

جب صوفی ازم یا تصوف فیشن بن گیا تو اس کی بھی اپنی رسمیں اور ظاہری علامتیں بن گئیں۔ جو اس میں یقین رکھتے تھے وہ ان راسخ الاعتقاد 'علما' سے بھی زیادہ عقبیٰ (یا آخرت) کو ماننے لگے جو باوجود ہزار دنیوی مال واسباب اور دنیوی خوشی کی چند روزہ نوعیت جتانے کے دنیوی فرائض سے متعلق احکام کو نظر انداز نہیں کر سکتے تھے۔ ذاتی مذہب کا عنصر یعنی خدا سے براہ راست رشتے کا تصور ہوتے ہوتے ایک ایسا فلسفہ بن گیا جس کے مطابق تمام وجود کو ایک وحدت تصور کیا جاتا ہے اور تمام واقعات کو رضائے الٰہی کا مظہر۔ اور اس طرح اس نے تخلیقی اور تعمیری عمل کرنے کے فطری جذبے یا تحریک کو کھوکھلا کر دیا۔ لیکن یہ تو بعد میں ہوا۔ اپنے عروج کے زمانے میں تصوف یقیناً اندھی تقلید، سماجی ناانصافی اور فرد کے جذبات کو

کچل دینے کے خلاف واقعی بغاوت کی علامت بن گیا تھا۔

اگر مذہب کا یہ تصور کہ وہ بنیادی طور پر ذاتی معاملہ ہے، سیکولرازم اور تصوف میں مشترک ہے تو ان دونوں کے باہمی اختلافات پر بھی غور کرنا چاہئے۔ سیکولرازم میں جو اس بات پر زور ہے کہ مذہب (فرد کا) ذاتی معاملہ ہے، اس میں اصل خیال یہ ہے کہ ہر آدمی اپنے ہی کام سے کام رکھے۔ یعنی مذہب ذاتی معاملہ ہے محض سیاسی اور قانونی اعتبار سے، اس میں نیت یہ نہیں ہے کہ مذہبیت کو تقویت دی جائے بلکہ یہ ہے کہ مذہبیت ایک تخریبی عنصر نہ بن جائے (کیونکہ) ذاتی مذہب کا مطلب یہ بھی تو ہو سکتا ہے کہ کوئی مذہب ہی نہ ہو یا کوئی بھی مذہب ہو یا کسی ایسے فرقہ سے وابستگی ہی ہو جس میں سب کے عقائد ایک ہوں بشرطیکہ یہ وابستگی ریاست یا مروجہ سماجی اور معاشی نظام سے متصادم نہ ہو۔

سیکولرازم کا آئیڈیل یا نصب العین ہے مذہب کو دونوں اعتبار سے خارج از بحث کر دینا۔ بطور بصیرت اندوزی کے اصول کے بھی اور بطور روحانی فیضان کے سرچشمے کے بھی۔ اس کے ساتھ ساتھ آدمی کو جہاں تک ممکن ہو خود مکتفی یا بے نیاز بنا دینا۔ یہ فرض کر لیا گیا ہے کہ آدمی بے نیاز ہو سکتا ہے اور اگر کسی میں یہ صلاحیت نہیں ہے تو پھر اس کے لیے تو شکست ہی شکست ہے۔ اگر وہ اخلاقی اعتبار سے ٹوٹ جائے اور قانون شکنی کا مرتکب ہو جائے تو اسے سزا ملے گی۔ اگر وہ اس نتیجے پر پہنچے کہ کسی منظم اور روایتی عقیدے کے سہارے کے بغیر وہ اپنا کوئی ذاتی مذہب اختیار نہیں کر سکتا تو وہ اس مذہبی فرقے سے منسلک رہ سکتا ہے جس میں وہ پیدا ہوا ہو یا ویسا ہی فرقہ تلاش کر کے اس میں شامل ہو سکتا ہے۔

یہ رویہ یا انداز نظر تصوف سے بالکل الگ ہے۔ تصوف تو مذہب کو ذاتی معاملہ کہہ کر مذہب کو اور شدید (جذبہ) بنانا چاہتا ہے۔ راسخ الاعتقادی یا تقلید سے جو اس کی مخالفت ہے یا اس مذہب سے جو اس کی مخالفت ہے، جو دینیاتی ادب کے ذریعے منتقل ہوتا ہے اور جس پر بطور عادت کے عمل کیا جاتا ہے، وہ اس بنیاد پر ہے کہ ایسا مذہب محض نقالی ہوتا ہے، بے روح اور غیر تخلیقی۔ عقیدہ ذاتی ہونا چاہئے، وہ نتیجہ ہونا چاہئے فرد کے اپنے روحانی تجربے کا۔ تب ہی یہ اس فرد کا سچا عقیدہ ہوگا۔ تصوف کا مقصد بہتر مادی حالات پیدا کرنا نہیں ہے بلکہ بہتر اور زیادہ مکمل اور زیادہ پرمایہ شخصیتیں بنانا ہے۔ ایسی شخصیتیں بنانا (جن کے دل) اس بے نیازانہ خوشی کے احساس سے معمور ہوں جو بطور روحانی تحفے کے انہیں حاصل ہوتا ہے۔

انسانی ارتقا کے اعتبار سے ادارہ جاتی (یاباقاعدہ) مذاہب یا تصوف یا سیکولرازم کے مطالعے سے یہ نہیں سمجھنا چاہئے کہ آدمی کا سفر ختم ہو گیا (آخری منزل آگئی) ماضی، حال اور مستقبل ایک دوسرے میں مدغم ہوتے رہیں گے، فکرو نظر اور زندگی کی نئی صورتیں وجود میں آتی رہیں گی۔ ادارہ جاتی یا باقاعدہ مذہب نے ہمیں وہ اقدار دی ہیں جنہیں اب ہم ویلفیئر اسٹیٹ یا فلاحی ریاست کی شکل میں دیکھنا دکھانا چاہتے ہیں۔ فلاحی ریاست سے مراد وہ نصب العین یا آئیڈیل ہے جس میں پورے سیاسی معاشرے یا سماج کا یہ سروکار ہو کہ اس کے ہر فرد کو پوے پورے موقعے ملیں کام کرنے کے اور اجرت وصول کرنے کے اور جس میں سب سے کمزور افراد کے مفاد کو ترجیح دی جائے اور سب کو بنیادی حقوق حاصل ہوں۔

تصوف یا صوفی ازم کا تصور اب یہ ہے کہ یہ متحد الخیال افراد اور جماعتوں کا

ساری انسانیت کے فائدے کے لیے کام کرنے کا احساس ہے۔ بچوں کو اور سیاسی حالات اور قدرتی آفات کے مارے ہوئے لوگوں کو بین الاقوامی ادارے اپنی صواب دید سے مدد دیتے ہیں اور ان اداروں کو ان انسان دوست افراد سے مدد ملتی ہے جو انسان دوستی کو اپنی مرضی کی بات نہیں سمجھتے بلکہ اپنا فرض سمجھتے ہیں۔ اخلاقی حکم کی اطاعت کا جذبہ جو خدا کی طرف سے دل میں پیدا ہوتا ہے، خدا جو بندوں کے دلوں پر حکمراں ہے، ہمیشہ کی طرح آج بھی زندہ ہے۔ مذہب اور تصوف نے اپنا نام ہٹا کر سیکولرازم کی اعلیٰ تر صورتوں کی حیثیت اختیار کر لی ہے۔ ہو سکتا ہے کہ جیسے تصوف میں ہوا تھا، ان اعلیٰ تر صورتوں کی بھی کوئی ایسی اپنی شاعری سامنے آ جائے اور روحانی تجربے کی نئی صورتوں کی طرف لے جائے۔

***

۷

تصوف ہندوستان میں

جب ایسے لوگوں کی بات کی جائے جن کی بقا اور اثر کا دارومدار اس بات پر ہو کہ انہوں نے حق کی تلاش کو روح کی ایک سنجیدہ اور پرجوش مہم بنالیا تھا تو ضروری ہوتا ہے کہ ان ہی کے لب ولہجے میں بات کی جائے، وہ لب ولہجہ جس سے عقل سلیم یا کامن سینس کو ٹھیس لگتی ہے اور جو دماغ کو برانگیختہ کر دیتا ہے تاکہ سننے والے ہوشیار ہو کر بیٹھ جائیں اور کان دھر کر سنیں۔ اس لیے میں بات ایک قول محال سے شروع کرتا ہوں (یعنی ایسے قول سے جو بظاہر مہمل ہو لیکن درحقیقت صحیح) جو قول میرے ذہن میں سب سے پہلے آتا ہے، یہ ہے کہ اگر قانون نہ توڑے جاسکتے تو وہ بنائے ہی نہ جاتے۔

اگر آدمی امن وامان اور خوشی سے ساتھ ساتھ رہ سکتے، ایک دوسرے کا احترام کرتے یا کم سے کم ایک دوسرے کی ضرورتوں اور خواہشوں کا پوری طرح خیال رکھتے تو قوانین بنانا نہ صرف نامناسب ہوتا بلکہ یہ سوچنا بھی ایک جارحانہ بات ہوتی کہ قانون بنائے جائیں۔

لیکن انسانی تاریخ شروع ہی ہوتی ہے قابیل سے، جس نے اپنے بھائی ہابیل کو

قتل کر دیا اور کسی حد تک اپنا جرم چھپانے میں کامیاب بھی ہو گیا۔ ہو سکتا ہے کہ یہ محض ایک یہودی روایت ہو تاریخ کی ایسی شروعات کی اور اس بات کی کہ خدا نے انسانی معاملات میں دخل دینے کی عادت کیوں بنالی۔ لیکن انسانی تاریخ کی شروعات کہیں بھی اور کبھی بھی ہوئی ہو، جو کچھ واقعی ہوا ہو گا یہ اس کا علامتی اظہار ہے۔ مزید یہ کہ اس انتہائی جانی بوجھی اور منکشفانہ یہودی روایت کے مطابق جب خدا نے یہ دیکھا کہ اس کی منشا و مقصد کو مستقل غلط سمجھا رہا ہے اور خود اس کی موجودگی کو بھی نظر انداز کیا جارہا ہے تو جو کچھ وہ چاہتا تھا اس نے اسے اور زیادہ صاف، بے کم وکاست اور پر زور انداز میں بتا دیا اور آخر کار اسے اپنے قوانین کو نیک پارسا لوگوں کے دلوں پر اور واعظوں کی زبانوں پر نقش کرنا پڑا۔

بے شک یہ سب علامتی اظہار ہے لیکن حقیقت یہ ہے کہ جب پہلے مسلمان اہل باطن جنہیں صوفی کہتے ہیں، انہوں نے اپنے چاروں طرف زندگی پر نظر ڈالی تو وہ یہ دیکھ کر ڈر گئے کہ کتنی زیادہ قانون سازی ہو چکی تھی اور یہ کام پھر بھی جاری تھا۔ لوگوں کا کہنا تھا کہ ہر پہلو، انسانی معاملات کی ہر ادنی سے ادنی بات کی تفصیل کے لیے قانون ہوتا ہے اور ہونا بھی چاہئے اور آدمی کو دل وجان سے قانون کی پیروی بھی کرنی چاہئے کیونکہ قانون ہی تو ہے جو حق کی نمائندگی کرتا ہے اور نجات کا ضامن ہے۔ یہ جانتے ہوئے کہ آدمی خواہی نخواہی جان بوجھ کر یا انجانے میں ہمیشہ قانون شکنی کرتا ہے، خدا نے اپنی رحیمی سے اسے قانون کا ایسا نظام بنانے کا اہل بنا دیا ہے جو تمام پہلوؤں پر حاوی ہو اور تادیر قائم رہے۔

لیکن صوفی نے یہ سوال اٹھایا کہ کیا یہ بالکل سچ ہے؟ (یعنی) کیا خدا کی رضا یہ

ہے کہ آدمی فکر و عمل کی اس سطح سے اوپر ہی نہ اٹھے جو قانون کی کتابوں میں مقرر کر دی گئی ہے؟ کیا آدمی خدا سے اپنے رشتے قائم کرنے میں سابقہ قانونی نظائر اور مخصوص باتوں ہی کو اپنا رہنما سمجھے؟ (صوفی نے کہا کہ) یقینی بات یہ کہ خدا کوئی غضب ناک اور حاسد و جابر ہستی نہیں ہے، جس کا کام یہ ہو کہ ہمیشہ ہمیشہ کے لیے اپنی ہی مخلوقات کے بارے میں فیصلے سناتا رہے (حکم لگاتا رہے) وہ تو خدائے رحیم اور خدائے مشتاق ہے، وہ تو باپ (کی طرح) ہے جسے اپنے بچوں سے یہ امید ہوتی ہے اور وہ انہیں آمادہ بھی کرتا ہے کہ وہ اس نعصب العین یا آئیڈیل کے مطابق زندگی بسر کریں جو اس نے ان کے سامنے پیش کیا ہے۔ رضائے الٰہی (کوئی ایسی چیز نہیں ہے جسے) گدھوں بوجھ کتابوں میں محدود کیا جائے۔ اگر خدا قوانین بناتا ہے تو یقیناً یہ بھی اسی کی رضا ہے کہ وہ توڑے جائیں تاکہ ان سے بہتر ایسے قوانین عمل میں آجائیں جو اس کی رضا سے اور زیادہ قریب ہوں۔

اس کا مطلب یہ ہوا کہ ہمارے سامنے اس قول محال کی ایک بالکل مختلف تعبیر آگئی۔ وہ یہ کہ قوانین بنائے ہی نہیں جاتے اگر انہیں توڑا نہ جاسکے۔ اس طرح یہ قول محال ہمارے لیے ایک چیلنج، ایک چنوتی بن جاتا ہے۔ اس سے یہ محسوس ہوتا ہے کہ ایسے برے ارادوں سے ہمیں نفرت کرنی چاہیے جو قوانین بنانا اور ان کا جبریہ نفاذ چاہتے ہیں، ہمیں اس رویے کو حقارت سے دیکھنا چاہیے جو آدمی کو ایک فرانسیسی مصنف کے الفاظ میں Bourgeois compromise یعنی مقررہ اوسط درجے کا ٹائپ کا حرف بنا کر رکھ دے۔ آدمی کو قوانین توڑنے ہی چاہئیں ان سے اوپر اٹھنے کے لیے، اپنا قانون ساز آپ بننے کے لیے اور خدا کی طرف سزا (کے خوف) یا انعام

(کی لالچ) سے نہیں بلکہ اس امید سے دیکھنا چاہئے کہ وہ اور زیادہ وقیع ہدایت دے گا۔

اس نقطہ نظر کی جو نشاط انگیز نوعیت ہے وہ ایک طرح ختم ہو جاتی ہے اگر اسے کسی قدر بڑھا چڑھا کر بیان نہ کیا جائے۔ منصور حلاج (وفات ۹۲۲ء) کی پیروی میں انا الحق (میں حق ہوں) کہنا اور اس کے نتائج بھگتنا بہتر ہے، اس بات سے کہ سکون اور اطمینان کی تلقین کی جائے اور اس پر عمل کیا جائے۔ لیکن اس میں شک نہیں کہ ہر صوفی کی اپنی طبیعت، اپنا مزاج ہوتا ہے، قانون کو توڑنے کا اپنا ایک انداز ہوتا ہے۔ یہ ظاہر کرنے کے لیے اصل چیز معنی ہیں نہ کہ لفظ، کسی صوفی نے روزانہ کی پانچ وقت کی نماز اور تیس دن کے روزے رکھنے کے قانون کو اس سے زیادہ نمازیں پڑھ پڑھ کر اور اس سے زیادہ روزے رکھ رکھ کر توڑا اور کسی نے ایک بھی نماز نہ پڑھ کر اور ایک بھی روزہ نہ رکھ کر توڑا۔ شیخ عین القضاۃ ہمدانی (وفات ۱۱۳۱ء) نے تو یہ تک کہہ دیا کہ عبادت بت پرستی ہے اگر بطور عادت کی جائے، صرف وہ عبادت سچی ہے جو دماغ کو عادت کی غلامی سے آزاد کر دے۔

صوفیوں نے ایک دوسرے کے نظریات پر اعتراض یا انہیں رد نہیں کیا۔ اس کی بجائے انہوں نے یہ بات بتائی کہ صوفی دو قسم کے ہوتے ہیں، ایک ارباب ہوش اور دوسرے اصحاب سکر، یعنی ایک تو وہ جو اس بات کا خیال رکھتے ہیں کہ ان کا قول اور عمل کا عام مسلمانوں پر کیا اثر پڑ سکتا ہے اور دوسرے وہ جو عالم سکر (مدہوشی) میں اس کی بالکل پروا نہیں کرتے اور سمجھتے ہیں کہ ان سے ان کے کسی قول یا فعل کے بارے میں بازپرس نہیں کی جاسکتی (یعنی وہ اپنی مدہوشی یا مستی میں کی یا کہی

ہوئی کسی بات کی جواب دہی کے ذمہ دار نہیں ہیں) اس طرح صوفی ازم یعنی تصوف کی وضاحت کرنی مشکل ہو جاتی ہے (لیکن) یہ بات صوفی (کی شخصیت) کو اور زیادہ دلکش بنا دیتی ہے۔

گیارہویں صدی کے وسط تک شیخ (یا پیر) اور مرید یا استاد شاگرد کا کوئی سسٹم یا باضابطہ طریقہ نہیں تھا۔ وہ لوگ جو ایک برتر، اعلیٰ زندگی گزارنے میں یقین رکھتے تھے، اپنے آپ یہ طے کر لیتے تھے کہ اس کے حصول کے لیے وہ کیا کریں گے اور وہ ایک دوسرے کو (یعنی مرید پیر کو اور پیر مرید کو) تلاش بھی کر لیتے تھے۔ اس میں بعض اوقات انہیں سیکڑوں میل کا سفر بھی کرنا پڑتا تھا تاکہ وہ مختلف طریقوں اور تجربوں کا باہمی مقابلہ و موازنہ کر سکیں۔ پھر ان میں سے بہت سے گوشہ نشین ہو جاتے، اپنے مریدوں یا شاگردوں کے ساتھ خانقاہوں یا تکیوں میں رہنے لگتے اور اپنے روحانی ضابطوں کے مطابق عمل کرتے رہتے۔ لیکن بہت سے ایسے ہو جاتے کہ بے اصول زندگی گزارتے، سماجی زندگی کے فرائض اور مقررہ معمول کو تسلیم نہیں کرتے اور ایسے صوفیوں کی تعداد زیادہ ہوتی تھی۔ جب عام طور سے تصوف کو زندگی گزارنے اور فکر کا ایک طریقہ بھی تسلیم کیا جانے لگا تھا اور مطالعے کے لیے کتابیں بھی لکھی جانے لگی تھیں، تب بھی وہی بے باک جامع کلمہ، وہی چیلنج، چنوتی دینے والا قول محال جو اوپر پیش کیا گیا، اظہار نفس کی علامت بنا رہا۔

تقریباً گیارہویں صدی سے شاعری بھی صوفی کے لیے ذریعہ اظہار بن گئی۔ راسخ الاعتقاد مسلمانوں کے، اگر وہ واقعی کٹر ہوں، شاعروں اور شاعری کے بارے میں وہی نظریے ہیں جو افلاطون کے تھے۔ لیکن جلال الدین رومی (وفات

۳-۱۷۲۷ء) بالکل دوسری انتہا پر چلے گئے۔ انہوں نے کہا شاعری پیغمبری کا جزو ہوتی ہے (شاعری جزویست از پیغمبری)، (اور) کوئی گدھا ہی ہو گا جو یہ کہے کہ شاعری ممنوع ہے۔ مسلم تہذیب میں محبت، محبوب، وصل، مے اور نغمہ، اسلام اور کفر، کعبے اور بت خانے کو علامتیں کہہ کر ان دونوں رویوں میں باہمی مطابقت پیدا کر لی گئی اور اس شاعر کو جو ذرا مؤثر طریقے سے یہ علامتیں استعمال کرے، اسے ایسا صوفی مان لیا گیا جو غایت انبساط (یا سرور) اور وجد اور فنا فی اللہ کا راستہ دکھانا چاہتا ہے۔ اس طرح نہ صرف تقریباً ہر بڑے صوفی سے شاعری کے دیوان منسوب کر دیے گئے ہیں بلکہ سارے شاعروں کو صوفیوں کا درجہ بھی دے دیا گیا (اور یہ تسلیم کر لیا گیا کہ) شاعری اگر وہ اچھی شاعری ہے تو کبھی ناپاک ہو ہی نہیں سکتی بلکہ وہ تو اخلاقیات، مذہب اور روحانیت بن جاتی ہے۔

تصوف اور شاعری کے اس میل سے تہذیبی اعتبار سے کوئی اور نتیجہ نکلا یا نہیں، اس سے آدمی میں وہ جرات ضرور پیدا ہو گئی جس نے اسے خدا سے ہم کلام کر دیا (اس کی وجہ سے) خدا کو ایسا حاکم جج سمجھا جانے لگا جو معاف کر دینے کی نظر سے مسکراتے ہوئے اپنے سامنے پیش کیے ہوئے گنہگار کو یقیناً گلے لگا لیتا ہے۔ خدا کو ایسا یار یا دوست اور محبوب سمجھا جانے لگا جو اپنے عاشق کے گلے میں رسی ڈال کر جدھر چاہے لیے پھرتا ہے، خدا کو باوجود تمام حسن اور جمال مجسم سمجھے جانے کے اسے ایسا بھی سمجھا جانے لگا کہ وہ چاروں طرف خفگی کی نگاہ سے دیکھ بھی لیتا ہے ان لوگوں کو بسمل کرنے کے لیے، جو اسے سب سے زیادہ چاہتے ہیں، وہ ایسی ہستی ناظر اور قادر مطلق سمجھا جانے لگا جو اپنے کام سے تھک گیا ہو اور جسے آدمی یہ دعوت دے سکتا

ہے کہ اے خدا تو میرے دل میں آرام کر لے۔

ہم حیران ہو کر سوچنے لگتے ہیں کہ خدا نے شاعر کو بنایا یا شاعر (کے نغموں) نے خدا کو۔ ان دونوں میں ہر ایک تعبیر صحیح معلوم ہوتی ہے اور ان میں سے کسی سے کوئی فرق بھی نہیں پڑتا۔ اہم بات تو اصل میں روحانی تجربے کی شدت ہے، اس لمحے کا وقوع میں آنا ہے جس میں آدمی کو واقعی یہ محسوس ہوتا ہے جیسے سارے کا سارا وجود اسی میں سما گیا ہے۔

***

۸

ترجمان کا منصب

"مفروش آنچہ نخرند۔" جس مال کے خریدار نہ ہوں اسے مت بیچو۔

معلوم نہیں شیخ فرید الدینؒ نے کس موقع پر کن لوگوں کو مخاطب کرتے ہوئے یہ ارشاد فرمایا تھا لیکن اس کا اشارہ قدروں کی ترجمانی اور منتقلی کی طرف تھا اور اس کے مخاطب وہ تمام لوگ تھے اور اس وقت ہیں جو اپنے علم اور عمل کے ذریعے قدروں کا احساس پیدا کر سکتے اور اسے تقویت پہنچا سکتے ہیں۔ کیا اچھا ہوتا اگر بحث شروع کرنے سے پہلے صاف صاف بتایا جا سکتا کہ "قدروں" سے کیا مراد ہے اور انہیں ایک سے دوسرا کیسے حاصل کر سکتا ہے، یعنی ترجمانی کا منصب کس طرح ادا کیا جاتا ہے۔

مشکل یہ ہے کہ جب کبھی کسی تصور کی واضح تعریف کرنے کی کوشش کی جاتی ہے تو یقینی باتوں کا بھی اعتبار نہیں رہتا۔ ہم زندہ ہیں پھر بھی نہیں بتا سکتے کہ زندگی کیا ہے، خوش اور مطمئن ہوں تب بھی یہ نہیں سمجھا سکتے کہ خوشی اور اطمینان کی ماہیت کیا ہے، ہم کامیابی کی آرزو کرتے ہیں مگر جب سوچتے ہیں کہ دراصل اس سے کیا حاصل ہوگا تو وہ ایک دھوکا معلوم ہوتی ہے۔

ہم جانتے ہیں کہ ایمانداری، حیا، سچائی، سخاوت، شرافت کا کوئی تصور، کوئی معیار موجود نہ ہو یا اس پر عمل نہ کیا جاتا ہو تو انسانی زندگی ناقابل برداشت ہو جائے گی، اس لیے ہم انفرادی اور اجتماعی طور پر اس کی کوشش کرتے ہیں کہ ایمانداری، سچائی وغیرہ کی ضرورت اور ان کی قدر کو محسوس کرتے اور کراتے رہیں۔ لیکن اس میں بڑی مشکل یہ پیش آتی ہے کہ کسی ایک قدر، مثلاً ایمانداری کو لے لیجئے اور ادھر ادھر نظر دوڑایئے تو اس کی ایک مثال کے مقابلے میں بے ایمانی کی دس مثالیں ملیں گی اور کامیابی کی عام طور پر مسلمہ علامتوں کے مطابق دیکھئے تو شاید آخر میں یہ نتیجہ نکلے گا کہ ایمانداری سے فائدہ پہنچنے کا لگ بھگ اتنا ہی امکان ہے جتنا کہ بے ایمانی سے نقصان پہنچنے کا۔

پھر ہر سماج میں ایسے لوگ بھی ہوتے ہیں جو کہتے ہیں کہ ایمانداری کا کوئی فرضی معیار اس مصلحت سے قائم کر لیا جاتا ہے کہ بے ایمانی کے لیے ایک آڑ ہو جائے۔ چند ایماندار لوگ اس معیار کو صحیح اور قطعی مان کر دھوکا کھاتے ہیں اور جو اس معیار کو عملاً نہیں مانتے انہیں سچا فائدہ اٹھانے کا موقع مل جاتا ہے۔ گویا معمولی روز مرہ کی ایمانداری کو قائم رکھنے کے لیے بھی ایک طرح کے ایمان بالغیب کی ضرورت ہے اور اسی نسبت سے اعلیٰ اخلاقی قدروں پر یقین رکھنے کے لیے ایمان بالغیب اور پختہ ہونا چاہیے۔

انسان کی محدود صلاحیتیں اسے اس پر مجبور کرتی ہیں کہ وہ قدروں کو دینی، اخلاقی، سیاسی، سماجی، جمالیاتی قسموں میں تقسیم کرکے انہیں الگ الگ نام دے، لیکن دوسری طرف جو شخص بھی کسی قدر کی پوری خدمت کرنا چاہتا ہے، وہ محسوس

کرتا ہے کہ یہ قدر ایک بنیادی، ہمہ گیر قدر کا ایک پہلو، ایک سورج کی کرن ہے۔ ہمیں قدریں الگ الگ نظر آتی ہیں تو اس کا سبب یہ ہے کہ ہم ان کی وحدت کو دیکھنے کی طاقت نہیں رکھتے اور ترجمانی کا منصب اس طرح ادا ہوتا ہے کہ انسان محسوس یا غیر محسوس طریقے پر کسی قدر کو اپنی شخصیت اور اپنے عمل میں نمایاں کرتا ہے اور یہ سوال پیدا کرتا ہے کہ اس خاص شکل میں یہ قید قابل قبول ہے یا نہیں۔

قدروں کے بغیر زندگی ممکن نہیں۔ ان کی ترجمانی کی جاتی ہے تو بحث اس پر ہوتی ہے کہ ترجمانی صحیح ہے یا غلط، لیکن معاملہ دراصل قدروں کی اعلی اور ادنی شکلوں کی کشمکش کا ہوتا ہے۔ کسی جماعت کا عام میلان اس طرف ہو کہ وہ قدروں کی ادنی شکلوں پر مطمئن ہے تو اعلی شکلیں نظر سے اوجھل ہو جاتی ہیں، اسی وجہ سے ان لوگوں کو، جو اعلی شکلوں کی ترجمانی کرنا چاہتے ہیں، یہ سوچنا پڑتا ہے کہ میدان میں آئیں یا نہ آئیں اور آئیں تو کیا لے کر۔

"مفروش آنچہ نخرند۔" کیا ترجمانی کا منصب مال بیچنے اور خریدنے سے کوئی سے نسبت رکھتا ہے؟ اصولی بحث کرنے والے کہیں گے کہ ہرگز نہیں رکھتا۔ حکم کی تعمیل فرض ہے اور ایسی بات کہنا ہرگز مناسب نہیں ہے جس سے ایک طرف یہ خیال پیدا ہو کہ حکم سے آگاہ کرنے والا حکم کی تعمیل کرنے والے کا اتنا ہی پابند ہے جتنا کہ تاجر خریدار کی مرضی کا، اور دوسری طرف حکم کی تعمیل کرنے والا یہ سمجھ بیٹھے کہ اسے اختیار ہے کہ جس حکم کی تعمیل کرنا چاہے کرے، جس کی نہ کرنا چاہے نہ کرے۔ انسان کی فطری سرکشی کو دیکھتے ہوئے حکم دینے اور اس کی تعمیل کرانے کے سوا چارہ نہیں ہے۔

اصولی بات کہنے والوں کا یہ اعتراض ایک تو اس وجہ سے کمزور ہے کہ اس سے ظاہر ہوتا ہے کہ قدریں بذات خود مقبول نہیں ہیں اور نہیں ہو سکتی ہیں۔ اس لیے انہیں قانون کی شکل دینے اور جبر سے کام لینے کی ضرورت ہوتی ہے۔ دوسرے اگر مان لیا جائے کہ انسان فطرتاً سرکش ہوتا ہے تو عام تجربے کی بنا پر کہا جا سکتا ہے کہ جبر کرنے کا نتیجہ یہ ہو سکتا ہے کہ سرکشی اور بھی بڑھ جائے، یا وہی قدریں جنہیں ذہن نشین کرنا حکم کا مقصد ہوتا ہے منافقت کے گرد و غبار میں گم ہو جائیں۔ اصولی بحث کرنے والے بھی مانتے ہیں کہ دینی اور اخلاقی حکم کی ظاہری اور رسمی تعمیل کافی نہیں ہے، اس کے ساتھ خلوص نیت بھی لازمی ہے۔ لیکن نیت کا سوال اٹھ جائے تو پھر حکم کے کچھ اور معنی ہو جاتے ہیں۔

دراصل ہر قدر جو تسلیم کی جاتی ہے حکم بن جاتی ہے اور اس کی خدمت ایک حکم کی تعمیل ہوتی ہے جو انسان اپنے کو دیتا ہے۔ قدروں کا وہ ترجمان جو کھرے اور کھوٹے کے درمیان تمیز کرنا قدر کی صحیح ترجمانی کے لیے لازمی سمجھتا ہے، یہ بھی دیکھتا ہے کہ لوگوں کو کسی قدر کا زبردستی حامل نہیں بنایا جا سکتا، اس لیے وہ حکم دینے کے طریقے کو پسند نہیں کرتا۔ وہ یہ محسوس کرتا ہے کہ اصرار اور تکرار کے ساتھ نصیحت اور تنبیہ کرنا حکم دینے کی شکل ہے، اس لیے بہتر یہ ہے کہ پہلے ہی سے اپنی بے بسی کا اعتراف کر لیا جائے اور جو اختیار دوسروں کو بہر حال حاصل ہے اسے تسلیم کر لیا جائے۔

اسے تسلیم کر لینے کے بعد شیخ فرید الدینؒ کے مقولے پر پھر غور کیجیے۔ تاجر اور قدروں کا ترجمان دونوں صاحب مال ہوتے ہیں، دونوں کا کام ان کے سرمایے کے

مطابق ہوتا ہے، دونوں کے لیے سرمایے کے ساتھ ہمت اور حوصلہ بھی ضروری ہے اور اس میں کمی ہو تو ان کا کاروبار خود بخود سمٹ جاتا ہے۔ بعض تاجر سرمایے کی فراوانی کے باوجود کسی ایک بستی یا بازار کو اپنی کل کائنات سمجھ لیتے ہیں اور مقرر مال مقرر گاہکوں کے ہاتھ بیچتے رہتے ہیں۔ بعض تاجر دنیا کی وسعت سے فائدہ اٹھاتے ہیں، نیا مال دور دور سے لاتے ہیں اور خریدار تلاش کرنے میں کسی بازار اور بستی کی قید گوارا نہیں کرتے۔ اسی طرح قدروں کا کوئی ترجمان حق کی طلب کو چند لوگوں اور چند دینی اور اخلاقی امور تک محدود سمجھ سکتا ہے، اپنا منصب یہ سمجھ سکتا ہے کہ جو کچھ کتاب میں لکھا ہے وہ پڑھا دے، اس کا مطلب سمجھا دے اور نتیجے کو دیکھے کہ کیا ہوتا ہے۔

کوئی ترجمان یہ محسوس کر سکتا ہے کہ وہ خود قدروں کا خادم اور حامل ہے، یہ قدریں کسی خاص شکل کی پابند نہیں، ان کا اثر خاص لوگوں کی توفیق کا دست نگر نہیں ہے۔ وہ اپنے فکر اور عمل کو یہ جان کر آزاد کر سکتا ہے کہ اگر ایک طرف قصاص کی حد مقرر کی گئی ہے تو دوسری طرف عفو اور رحم کی بے شمار کیفیتیں ہیں۔ اگر ایک طرف حکم ہے تو دوسری طرف شوق ہے۔ ایک طرف صحو ہے تو دوسری طرف سکر ہے۔ قدروں کی ترجمانی کو کاروبار سے تشبیہ دینے میں سب سے اہم نکتہ یہ معلوم ہوتا ہے کہ انسان کی مادی ضرورتوں کی طرح اس کی اخلاقی ضرورتیں بھی قائم رہتی ہیں، مگر دونوں کو پورا کرنے کی صورتیں بدلتی رہتی ہیں۔

آدمی کو تن ڈھانکنے کے لیے کپڑا اور پیٹ بھرنے کے لیے کھانا ہمیشہ چاہیے مگر وہ ایک ہی طرح کا کپڑا اور ایک ہی طرح کا کھانا ہمیشہ پسند نہیں کرتا۔ اخلاقی

قدروں کا ترجمان اس حقیقت کو نظر انداز نہیں کر سکتا کہ ایک ہی بات ایک ہی طریقے سے بیان ہوتی رہے تو اس میں اثر نہیں رہتا۔ دین اور اخلاق کے معلم جب لوگوں کو گمراہ اور جماعت کی حالت کو خراب کہنے لگیں تو اس کا سبب یہ بھی ہو سکتا ہے کہ وہ خود خاصی مدت تک "مفروش آنچہ نخرند" کی مصلحت سے غافل رہ چکے ہیں۔

قدریں ابدی اور حقیقی ہیں۔ یہ بھی مسلم ہے کہ ان کے بغیر شائستہ انسانی زندگی ممکن نہیں۔ اگر کوئی جماعت اس وجہ سے نقصان اٹھائے کہ اس کے اندر خود اس کی اپنی قدریں مقبول نہیں ہیں تو اس کا مطلب یہ ہے کہ اس کی قدروں کے ترجمان اپنے منصب کا حق ادا نہیں کر سکتے۔ یہ بھی ہو سکتا ہے کہ ناکامی کے احساس اور اس سے بھی زیادہ ناکامی کے خوف نے انہیں اس طرف مائل کیا ہو کہ وہ خریدار کے سامنے وہی دینی اور اخلاقی مال پیش کریں جس کے بارے میں انہیں یقین ہو کہ وہ صدیوں تک برتا جا چکا ہے، اس لیے ہر خریدار سمجھے گا کہ وہ اس کے لیے کارآمد ہے، مگر خریدار اسے اس وجہ سے قبول نہ کرے کہ اس کی ضرورتیں بدل گئی ہیں۔

لیکن مقبولیت کا معیار کیا ہے؟ تجارت بڑے پیمانے پر ہوتی ہے اور چھوٹے پیمانے پر بھی۔ کوئی تاجر گراں مال بیچتا ہے، یہ جانتے ہوئے کہ اس کے خریدار کم ہوں گے اور جو سودا وہ کرتا ہے اس میں وہ اپنا منافع زیادہ رکھتا ہے، کوئی سستا مال کم منافع پر مگر بڑی تعداد میں بیچتا ہے، کوئی چھوٹی سی دوکان لگاتا ہے اور تھوڑے سے منافع کو کافی سمجھتا ہے۔ جہاں ہر قسم کے تاجر، طرح طرح کے مال اور مختلف ضرورتیں اور شوق رکھنے والے گاہک ہوں وہاں مقبولیت کے بارے میں رائے قائم

کیسے کی جائے گی۔ مال کی خوبیاں دیکھی جائیں گی یا خریداروں کی تعداد، تاجر کی آمدنی کا حساب لگایا جائے گا یا خریدار کی تسلی کا اندازہ کیا جائے گا؟

تجارت میں نفع نقصان کا حساب لگانا آسان ہوتا ہے، اس لیے کہ آخر میں ہم دیکھ سکتے ہیں کہ روپیہ آنہ پائی میں ملک کی دولت کتنی بڑھی۔ قدروں کی ترجمانی کرنے والے اپنی خاص قدروں کی مقبولیت کا اندازہ کیسے کریں؟ ان کی دنیا میں ادنی بہر حال ادنی ہے اور اعلی بہر حال اعلی رہے گا، اور اعلی قدروں کے ترجمان ادنی اور اعلی کو جوڑ کر اوسط نکالنے کے طریقے کو گوارا نہیں کر سکتے۔ شیخ فرید الدینؒ نے تنگ گلیوں میں سستا اور ناقص مال بکتے دیکھا ہو گا، قدروں کے ایسے ترجمان دیکھے ہوں گے جن کے نزدیک اعلی قدروں کو رد کر دینے کے لیے کافی تھا کہ وہ اپنے دروازے کے سامنے ایسے طلبگاروں کے ہجوم دکھادیں جو صرف اپنے لیے نہیں بلکہ سب کے لیے ادنی قدروں کو کافی ٹھہراتے تھے۔

اگر صرف قدر کو دیکھا جائے اور اس بات کو نظر انداز کیا جائے کہ اسے قبول کرنے والے کتنے ہیں تو یہ سوال پیدا ہوتا ہے کہ اکثریت کے لیے کیا کیا جائے، اگر اکثریت کی مرضی اور صلاحیتوں کو دیکھا جائے تو پھر سوچنا پڑتا ہے کہ اعلی قدروں کی خدمت اور ترجمانی کیسے کی جائے۔ ایمان اور انکار کی جنگ بے شک سخت ہوتی ہے، مگر وہ یکسوئی سے لڑی جا سکتی ہے۔ اعلی اور ادنی قدروں کے درمیان جنگ کی نوبت آجائے تو اعلی کی شکست تقریباً یقینی ہوتی ہے اور اعلی قدروں کے نمائندے میدان میں نہ آئیں تو ادنی قدروں کا سیلاب انہیں ڈبو دیتا ہے۔

ممکن ہے "مفروش آنچہ نخرند" سے شیخ فرید الدینؒ کی مراد یہ ہو کہ طالب حق

کو اپنا مال اپنے پاس رکھنا چاہیے، مقبولیت کے پھیر میں پڑ کر اعلی قدروں کو رسوا نہ کرنا چاہیے۔ یہ قدریں ایسا سرمایہ نہیں ہیں جو ضائع ہو جائے، اس کا جمع ہونا اور محفوظ رہنا خود ایک امر عظیم ہے۔ جن لوگوں کو حق کی طلب ہو گی وہ صاحب معرفت کے پاس آپ ہی کھنچ کر آ جائیں گے اور اس آرزو میں تڑپتے ہوں گے کہ انہیں اعلی قدروں کی خدمت کا اہل سمجھا جائے۔

جسے شیخ نظام الدین جیسا مرید مل گیا تھا، وہ انتہائی تنگدستی کی حالت میں بھی کہہ سکتا تھا کہ مجھ سے تمہیں جتنا ملنا تھا وہ مل گیا، اب جاؤ، ہندوستان پر قبضہ کرو۔ اور اسی مرید سے وہ یہ بھی کہہ سکتا تھا کہ جس مال کے خریدار نہ ہوں اسے مت بیچو۔ لیکن ہندوستانی مسلمان ان بزرگوں، ان کے خیالات اور ان کے طریقوں کو اپنی تاریخ کی اعلی قدریں مانیں اور اس لحاظ سے ان کی خدمت اور ترجمانی کرنا چاہیں تو انہیں کون سا مسلک اختیار کرنا چاہیے۔ "مفروش آنچہ نخرند" کا یا "ملک ہند بگیر" کا؟

ہمارے زمانے میں قدروں کی ترجمانی اور اعلی اور ادنی کے درمیان امتیاز کرنا تعلیم گاہوں کا خاص منصب ہے۔ جدید تعلیم گاہوں کا شروع سے یہ دستور رہا ہے کہ جس مال کے خریدار ہوں اسی کو پیدا کریں، مال کو پرکھنے کی کوشش نہ کریں۔ اب یہ دستور ایک اصول بن کر اتنا مسلم ہو گیا ہے کہ اس کے سوا تعلیمی قدروں کی اور کوئی کسوٹی نہیں رہ گئی ہے۔ لیکن کسوٹی نہ ہونے کے معنی یہ نہیں ہیں کہ پرکھنے کی کوئی ضرورت اور کوئی صورت نہیں ہے۔

ملک کے حالات یہ ثابت کر رہے ہیں کہ لوگوں کی استعداد کم ہوتی جا رہی

ہے۔ استعداد کی کمی کا صرف تعمیری کاموں پر نہیں بلکہ معمول کے کاموں پر بھی بہت برا اثر پڑ رہا ہے اور اسی کے ساتھ وہ اخلاقی قدریں کمیاب ہوتی جا رہی ہیں جن پر ملکی زندگی کا دارومدار ہوتا ہے۔ اعلیٰ قدروں کا ذکر سبھی کرتے ہیں، ان کی فکر کوئی نہیں کرتا، اس لیے کہ فکر کرنے والے کو کوئی پوچھتا نہیں۔ سب سے زیادہ مشکل میں وہ تعلیم گاہ ہوگی جو قدروں کا سودا نہ کرنا چاہے۔ جو یہ سمجھے کہ "ملک ہند بگیر" ایک ہمت آزما اور حوصلہ پرور اخلاقی دعوت ہے اور اسے قبول نہ کرنا اعلیٰ قدروں کی خدمت اور ترجمانی سے انکار ہے۔

افراد کے مقابلے میں تعلیم گاہیں قدروں کی ترجمانی کرنے میں اس لحاظ سے کچھ فائدے میں ہوتی ہیں کہ وہ بھٹک جانے کے دو بڑے خطروں سے کسی حد تک محفوظ رہ سکتی ہیں۔ افراد قدروں کی ترجمانی کرتے وقت اعلیٰ اور ادنیٰ کے درمیان امتیاز کرتے ہیں، جن قدروں کی وہ ترجمانی کرنا چاہتے ہیں انہیں اعلیٰ قرار دے کر تسلیم کرانا چاہتے ہیں، اس وجہ سے لامحالہ ان کی مخالفت کی جاتی ہے اور مخالفت شدید ہو تو وہ توازن جو صحیح ترجمانی کے لیے لازمی ہے قائم نہیں رہتا۔ مخالفت کی شدت ایسی صورت بھی پیدا کر سکتی ہے کہ اسلام یا کسی اور مذہب کی قدروں کا ترجمان خود اپنے آپ کو ایک قدر تصور کرنے لگے، اور اپنی پیروی کو قدروں کی خدمت کے لیے لازمی قرار دے۔

تعلیم گاہوں کی شخصیت اجتماعی ہوتی ہے۔ قدروں کی ترجمانی کے لیے تصورات کی جس ہم آہنگی کی ضرورت ہوتی ہے اس کے ساتھ ان میں اختلاف رائے کی اتنی گنجائش بھی ہوتی ہے کہ ترجمانی کا منصب بالکل شخصی نہیں ہو جاتا۔

ہماری آج کل کی تعلیم گاہوں میں، اگرچہ وہ قومی پالیسی اور سیاسی پارٹیوں سے اثر لیتی ہیں، اتنی آزادی ہے کہ خیالات اور عقائد اعلانیہ مقبول اور مردود نہیں ٹھہرائے جاتے اور جو استاد اپنی اور دوسروں کی خودداری کا لحاظ رکھے، وہ آزادی کے ساتھ دینی اخلاقی اور سماجی قدروں کی ترجمانی کر سکتا ہے۔

تعلیم گاہیں چاہیں تو قدروں سے کوئی سروکار نہ رکھیں اور صرف کتابیں پڑھا دینا اور امتحان لے کر سندیں دے دینا اپنا کام سمجھیں۔ بظاہر ہماری بیشتر تعلیم گاہیں یہی کر رہی ہیں۔ لیکن قدروں سے منھ پھیر لیا جائے تو وہ سب مٹ نہیں جاتی ہیں۔ صرف یہ ہوتا ہے کہ ادنی قدریں حاوی ہو جاتی ہیں۔

اب ہم یہ محسوس کرنے لگے ہیں کہ بچوں اور نوجوانوں کو دینی اور اخلاقی تعلیم سے محروم رکھنا غلط ہے، اور ایسے نصاب کی ضرورت محسوس ہو رہی ہے جس میں تمام مذہبوں کا نچوڑ ہو۔ یہ نچوڑ ایک نیا نسخہ ہو گا جس میں سب مفید دوائیں ہوں گی، مگر اس سے نہ کوئی بیماری دور ہو گی نہ تندرستی قائم رکھی جا سکے گی، صرف اس وجہ سے کہ اس میں کسی کے مزاج کا خیال نہ رکھا گیا ہو گا۔ ہمارے یہاں ایسی تعلیم گاہیں بھی ہیں جو اپنے منصب کو کسی خاص ملت یا دینی جماعت کی دینی اور اخلاقی تعلیم تک محدود رکھتی ہیں، ان کا نصاب شروع سے آخر تک اسی پر مشتمل ہوتا ہے، اس نصاب کے ساتھ چند جدید دنیاوی علوم بھی پڑھا دیے جاتے ہیں، جن کی حیثیت وہی ہوتی ہے جو ہندوستانیوں کے مجمع میں دو چار یوروپی لوگوں کی۔ ایسی تعلیم گاہیں دینی اعتبار سے بہت ممتاز ہو سکتی ہیں لیکن یہ سوچنے کی بات ہے کہ اپنے میدان عمل کو مخصوص اور محدود کرنے کے بعد وہ قدروں کی ترجمانی کا حق پورا پورا ادا

کرسکتی ہیں یا نہیں۔

خالص علمی معیار، جو آج کل ہندوستان اور بیرونی ملکوں کی ان تعلیم گاہوں میں صحیح مانا جاتا ہے جہاں علمی اور تعلیمی آزادی ہے، یہ ہے کہ کوئی بات پہلے ہی سے اور قطعی طور پر صحیح یا غلط نہیں قرار دی جاسکتی۔ علم کا مقصد حقیقت کی جستجو ہے اور یہ کبھی ختم نہیں ہونی چاہیے۔ اس کے برعکس دینی تعلیم گاہ کا مقصد یہ ہوتا ہے کہ صحیح کو برقرار رکھے اور غلط کو رائج نہ ہونے دے۔ صحیح کے لیے سند پر بھروسہ کیا جاتا ہے اور بحث کا رخ سندوں کی تشریح اور تاویل کی طرف پھرتا رہتا ہے۔

کسی دینی تعلیم گاہ میں افلاطون کا مشہور سوال پوچھا جائے کہ عدل کیا ہے، تو اس کا جواب دینے میں اتنی ہی دشواری ہوگی جتنی کہ کسی دنیادی تعلیم گاہ میں۔ عدل ایک اخلاقی قدر ہے اور کسی ایک دین کے ساتھ مخصوص نہیں ہے اور یہ ہر جماعت کے لیے مفید ہوتا، اگر اس کی دینی تعلیم گاہوں میں عدل کے کسی ایک تصور کو صحیح مان کر اسے برقرار رکھنا تعلیم کا فرض ٹھہرادیا جاتا۔ لیکن ایسا کبھی ہو نہیں سکا ہے۔ دوسری طرف، کسی مسئلے کے بارے میں بحث چاہے کامیابی کے ساتھ ختم کردی جائے کہ صحیح صورت کیا ہے، مگر ان باتوں میں جو صحیح مانی جاتی ہیں ادنی کو چھوڑ کر اعلی کو اختیار کرنے پر اس طرح اصرار نہیں کیا جاسکتا جیسے صحیح اور غلط میں تمیز کرنے پر کیا جاتا ہے۔

اس لیے یہ ہوسکتا ہے کہ دینی تعلیم مستند اور صحیح ہوتے ہوئے اعلی قدروں کی ترجمانی کے لیے مفید نہ ہو۔ اس کا میلان لازمی طور پر اس طرف ہوتا ہے کہ مانی ہوئی بات کو ماننا عادت بنادے، مقبولیت اور عمومیت کو معیار قرار دے، توفیق رکھنے

والوں کے لیے زمین تیار کرنے کے بجائے ان لوگوں کی طرف توجہ کرے جو صرف یہ معلوم کرنا چاہتے ہیں کہ صحیح عقیدہ کیا ہے اور دینداری کے معیار پر پورا اترنے کے لیے کم سے کم کیا کرنا چاہیے۔ سب سے اعلی قدروں کی بہترین شکلوں میں ترجمانی کرنا صرف اس تعلیم گاہ میں ممکن ہے جو قدروں پر یقین رکھنے کے ساتھ علم اور تعلیم کے ذریعے ان کی تبلیغ کرنا اپنا مسلک اور مقصد قرار دے۔

اس وقت دنیا میں کہیں بھی ایسی تعلیم گاہ نہیں ہے۔ علم اور عقیدے کا تصادم جو کئی سو برس سے ہو رہا ہے اسے دیکھتے ہوئے ایسی تعلیم گاہ کا قیام کچھ ناممکن سا تھا۔ لیکن کہیں اور نہیں تو ہندوستان میں وہ اب بھی قائم ہو سکتی ہے، اور کوئی نیا ادارہ قائم نہ ہو تو پرانی تعلیم گاہوں میں سے کوئی بھی اس مسلک کو اختیار کر سکتی ہے۔ اگر ترجمانی کا مقصد اور منصب اس حد تک واضح ہو جائے کہ جو لوگ توفیق رکھتے ہیں وہ اپنے آپ کو اس کے لیے تیار کر سکیں۔

بڑے افسوس کی بات ہے کہ قدروں کی ترجمانی جیسے شریف مسلک کو واضح کرنے کے لیے ملک گیری جیسے ادنی کام کو مثال کے طور پر لینا پڑتا ہے، لیکن واقعہ یہ ہے کہ مسائل کی وضاحت کے لیے اس سے بہتر کوئی مثال نہیں مل سکتی۔

جنگ میں کامیابی کی پہلی شرط یہ ہے کہ سپاہیوں اور افسروں کو ایک دوسرے پر اور اس فرماں روا پر اعتبار ہو جس کی خاطر وہ لڑنے کے لیے جا رہے ہوں۔ یہ اعتبار اس وجہ سے اور بھی ضروری ہو جاتا ہے کہ فوج میں کاموں کی تقسیم لازمی ہے اور تقسیم کی ضرورت اور مصلحت کو سمجھنا لازمی ہے۔ فوج میں ہر اول ہوتے ہیں، جو دشمن کی نقل و حرکت اور ارادوں کا پتہ لگانے کے لیے آگے بھیجے جاتے ہیں۔ یہ

ہراول چھپ سکتے ہیں، اپنا بھیس بدل سکتے ہیں، دشمن کا مقابلہ کر سکتے ہیں، اسے دور سے دیکھ کر اپنا راستہ بدل سکتے ہیں۔ فوج میں ان کا شامل ہونا بے کار ہے اگر انہیں مصلحت سے کام لینے کی پوری آزادی نہ ہو۔

پھر فوج میں مختلف ضرورتوں کے پیش نظر سپاہیوں کو مشق کرائی جاتی ہے اور ہتھیار دیے جاتے ہیں۔ وہ سپاہی اور سپہ سالار ناقص سمجھے جاتے ہیں جو سینہ سپر ہو کر کھڑے ہو جائیں اور تدبیر سے کام لینے کے بجائے جنگ کو طاقت اور ہمت کا مقابلہ بنا لیں۔ دشمن کو میدان سے بھگا دینا بلکہ خون بہا کر اسے زیر کر لینا بھی کافی نہیں ہے اگر اس کی وجہ سے اس میں دوسرے طریقوں سے مخالفت کرنے کی طاقت پیدا ہو جائے۔ اچھا سپہ سالار وہ مانا جاتا ہے جو موقع اور مصلحت کو سمجھے، جس کی نظر میں جنگ کا مقصد اتنا صاف ہو کہ اگر وہ دشمن کو جان اور مال کا نقصان پہنچائے بغیر اسے حاصل کر سکے تو اس میں اسے ذرا بھی تامل اور تکلف نہ ہو۔ ملک گیری کی ایسی مثالیں بھی ہیں کہ وہی لوگ جو دشمن سمجھے جاتے تھے کامیاب ہونے کے بعد مستعد حاکم اور سچے خیر خواہ مان لیے گئے۔

اس طرح یہ بات صاف ہو جاتی ہے کہ اعلی قدروں کی تبلیغ کے لیے قدروں کے خادموں پر پورا اعتماد رکھنے کی ضرورت ہے۔ ان خادموں میں سے بعض ہراول ہوں گے، جن کا منصب یہ ہو گا کہ وہ بغیر جھنڈا لہرائے اور ڈھول بجائے، بغیر یہ بتائے ہوئے کہ وہ کون ہیں اور کیا چاہتے ہیں، پہاڑ اور میدان، ریگستان اور جنگل، جیسا ماحول ہو اسی کے مطابق اپنا بھیس بدلتے ہوئے آگے بڑھتے چلے جائیں گے۔

جو چیزیں وہ پہنچائیں گے وہ معتبر مانی جائیں گی، جو مشورے وہ دیں گے ان پر

عمل کیا جائے گا۔ کوئی ناگہانی مصیبت یا خطرہ فوج کو ان سے الگ کر دے تو وہ اپنے حال پر چھوڑ دیے جائیں گے، مگر یہ نہ کہا جائے گا کہ وہ قدروں کے خادم نہیں ہیں اور یہ نہ پوچھا جائے گا کہ وہ ہراول کیوں بنے۔ ایسا ہی حق قدروں کے ان مبلغوں کا ہوگا جو فوج کے بازوؤں پر اور مرکز میں ہوں، کہ مقابلے کی نوعیت کو دیکھ کر وہ آگے بڑھیں یا پیچھے ہٹیں، محاذ کے ایک حصہ پر ساری طاقت جمع کر دیں یا ٹولیاں بنا کر منتشر ہو جائیں اور قزاقانہ طریقے پر لڑیں۔

ملک گیری کی جنگ چند مہینے یا چند سال کی ہوتی ہے، قدروں کی کشمکش برابر جاری رہتی ہے۔ اور اعلیٰ قدروں کے جو ترجمان ہوں، ان کا کام کسی کامیابی کی وجہ سے کم یا آسان نہیں ہو جاتا۔ قدروں پر یقین رکھنا ایمان بالغیب کی ایک شکل ہے مگر اس یقین سے کچھ بہت حاصل نہیں ہو سکتا، اگر قدروں کے ترجمان پر پورا بھروسہ نہ کیا جائے اور اسے تبلیغ کے لیے وہ مناسب تدبیریں کرنے کی اجازت نہ دی جائے جو فوج کے ہراول کو ہوتی ہے۔

***

۹

ادب اور ادیب کا مقصد

ہمارے زمانے کے عجائبات میں سے ایک بہت ہی عجیب چیز ہے یہ مقصد کی بحث۔ جس وقت سے ہمیں کچھ شعور ہوتا ہے ہم ہر چیز کا، ہر کام کا، ہر خیال کا مقصد پوچھنے لگتے ہیں۔ جب تک ہم میں غور کرنے کی صلاحیت رہتی ہے ہم مقصد کی جستجو میں رہتے ہیں اور جب خود مایوس ہو جاتے ہیں تو دوسروں کے پیچھے پڑتے ہیں کہ وہ کچھ معلوم کریں اور ہمیں بتائیں۔ کسی مقصد کے ہاتھ نہ لگنے سے ہمارے بڑے بوڑھے چڑچڑے اور بدگمان ہو جاتے ہیں۔ ہمارے نوجوان درخواستیں لکھتے اور سفارشیں کراتے پھرتے ہیں اور ہماری جماعت میں ایک ایسا انتشار پیدا ہو گیا ہے جسے شاید اب مقصد کا صحیح علم بھی دور نہ کر سکے گا۔

لطف تو یہ ہے کہ وہی چند لوگ جنھوں نے اپنے نزدیک زندگی کا ایک مقصد معلوم کر لیا ہے، پریشانی میں اور زیادہ پریشان کرتے ہیں۔ ان مقصد کا علم رکھنے والوں میں ایک گروہ وہ ہے جو زندگی کے اسلامی طریقے کو صحیح طریقہ مانتا ہے اور معاشرت، تہذیب اور سیاست کو اس ایک رنگ میں رنگ دینا چاہتا ہے۔ اسلامی طریقے کو برتنے سے کسی مسلمان کو انکار نہ کرنا چاہئے لیکن ابھی تک اس کے

مبلغوں میں ایسے نمونے نظر نہیں آئے جس کی تقلید کی جا سکے۔ گویا رنگ موجود ہیں، رنگنے کو سطح موجود ہے، رنگریز تیار کھڑے ہیں، بس اس کی دیر ہے کہ وہ آپس میں طے کرلیں کہ کون سا رنگ اسلامی ہوگا، کون سانہ ہوگا۔ ان کی حجت ہمیں اس دبدھے میں ڈال دیتی ہے کہ اسلامی رنگ استعارہ ہے یا واقعی کوئی رنگ۔ اوراس کا یہ نتیجہ ہوتا ہے کہ ہم پھر مقصد کے پھیر میں پڑ جاتے ہیں۔

دوسرا گروہ جو مقصد کے صحیح علم رکھنے کا دعویٰ کرتا ہے وہ ہے جس کے نزدیک ہر مشکل کا حل انقلاب ہے۔ بعض لوگ تو انقلاب کے ایسے گرویدہ ہیں کہ وہ اسی کو ایک مقصد سمجھے بیٹھے ہیں اور اس لفظ میں کچھ ایسی شان ہے کہ لغت میں اس کے معنی دیکھنا نئی زندگی کی توہین معلوم ہوتی ہے۔ انقلاب کی صدا لگانے والے بہت ہیں اور ان میں ان چند لوگوں کی آواز گم ہو جاتی ہے جو جانتے ہیں کہ انقلاب محض ایک ذریعہ ہے اور وہ اسی وقت توجہ کے قابل ہے جب کہ وہ اشتراکی نظام کا پیش خیمہ ہو۔ اشتراکی نظام کا تصور اصطلاحوں اور سیاسی فرقہ بندیوں میں الجھ نہ گیا ہوتا تو وہ ایک مقصد بن سکتا تھا۔ فی الحال وہ بحث سے نجات ملنے کی صورت نہیں ہے کہ اسے تسلیم کرنے کے بعد بھی صحیح مقصد اور صحیح طریقہ کی جستجو کا فرض باقی رہتا ہے۔

لیکن ہم ہیں کہ مقصد کی فکر میں سرگردانی پر مجبور ہیں۔ معلوم نہیں یہ بیداری کی علامت ہے یا غفلت کی، ترقی کی یا انحطاط کی۔ بظاہر تو مقصد کے آرزومندوں کی کیفیت ان لوگوں سے ملتی ہے جو طبیبوں سے لمبے مشورے کرتے ہیں، گھنٹوں نبض پر ہاتھ رکھ کر اور معدے اور جگر کے فعل پر دھیان جما کر بیٹھتے ہیں کہ تندرست ہونے کا مقصد حاصل کرلیں۔ وہ لوگ جو زندگی کے مقصد کو

زندگی سے ایک الگ چیز سمجھتے ہیں، اپنے آپ سے اور دوسروں سے پوچھتے ہیں کہ ان کی زندگی کا مقصد کیا ہونا چاہئے یا اس پر غور کرتے ہیں کہ وہ کسی بڑے مقصد کو پورا کر رہے ہیں یا نہیں، دراصل ایک قدرتاً مکمل چیز کو توڑ کر پھر بنانا چاہتے ہیں اور ان کے منتشر افکار کا مسالہ زندگی کے اجزا کو جوڑ نہیں سکتا۔

زندگی کا تجزیہ کرنے والوں کو اعصاب کے مریضوں کی طرح اپنی ذات، اپنی دشواریاں، اپنے مسائل بالکل ہی نرالے معلوم ہوتے ہیں اور اسی وجہ سے وہ اپنی زندگی کے لیے ایک مقصد چاہتے ہیں جو خاص ان کا مقصد ٹھہرایا جا سکے۔ ان میں ایسی انفرادیت پیدا ہو جاتی ہے جو صرف اپنی ذات کو حقیقی سمجھتی ہے، جو بنتے بنتے کائنات کا مرکز بن جاتی ہے، اس کے لیے یہ سوال محض ضمنی ہو جاتا ہے کہ دنیا کو کس نے بنایا۔ وہ خدا سے پوچھنا چاہتی ہے کہ وہ کس طرح وجود میں آیا۔ اس کے نزدیک یہ کوئی نامناسب بات نہیں کہ کائنات کے سارے کام بند تصور کیے جائیں جب تک کہ یہ طے نہ ہو جائے کہ اس کاروبار میں اس کا کتنا حصہ ہے، کتنے کام اس کے بنانے سے بن جائیں گے اور بگاڑنے سے بگڑ جائیں گے۔ ایسی انفرادیت کسی مقصد، کسی فن، میرا جی چاہتا ہے کہ کہوں کہ کسی خوبی کی بھی حامل نہیں ہو سکتی اور اس پر ازل سے یہ لعنت بھیجی گئی ہے کہ اپنے اوپر غور کرتی رہے اور اپنے لائق مقصد اور کام کو تلاش کرتی رہے اور اسے کچھ نصیب نہ ہو۔

افسوس ہے کہ یہ انفرادیت ہمارے ملک میں ایک وبا کی طرح پھیلی ہے اور مقاصد کی کوئی بحث اس کی نحوست سے پاک نہیں رکھی جا سکتی۔ ہم کسی ایسے مسئلے پر گفتگو ہی نہیں کر سکتے جس میں فیصلہ کرنا اور ایک راہ اختیار کرنا ہمارے بس میں ہے، اس لیے کہ یہ انفرادیت کسی بنیادی بات کو قبول نہیں کرتی۔ ہم اپنی محنت کے

پھلوں سے محروم رہتے ہیں، اس لیے کہ جو درخت بھی لگایا جاتا ہے اس کی جڑوں کو یہ انفرادیت کھود کھود کر دیکھتی ہے کہ وہ زمین میں ٹھیک طرح سے پھیلی ہی یا نہیں۔ ہم یہ نہیں کہہ سکتے کہ ادب کا مقصد جی بہلانا ہے، اس ڈر میں کہ وہ تمام لوگ جن کا قلم دنیا کی تقدیر لکھ رہا ہے، چلا اٹھیں گے کہ ان کی توہین کی گئی ہے۔ ہم یہ نہیں کہہ سکتے کہ ادب کا مقصد شخصیت کا اظہار کرنا ہے کیونکہ پھر ہماری دنیا بے شمار شخصیتوں کی نمائش گاہ بن جائے گی جو اس انتظار میں بیٹھی ہیں کہ انہیں ان کا حق دیا جائے۔ ہم یہ بھی نہیں کہہ سکتے کہ ادب کا مقصد انسان کو حسن کامل کا جلوہ دکھانا ہے، اس لیے کہ ادب میں حسن کا جلوہ آج کل عام ہے اور اسے دیکھنا کوئی بات ہی نہیں۔ آپ دل میں سمجھتے ہوں تب بھی خدا کے لیے زبان سے نہ کہئے کہ ادب کا مقصد جماعت کی اصلاح اور رہ نمائی ہے۔

اب تو نہ جانے کتنے ادیب ہیں جو قلم کو یہ سمجھ کر اٹھاتے ہیں کہ زندگی کا صحیح نقشہ بنانا ان کا خاص منصب ہے اور ہم نے تسلیم کر لیا کہ ادیب کو رہنما ہونا چاہئے تو رہنماؤں کے ہجوم میں رستہ چلنا دشوار ہو جائے گا۔ اس سے تو یہی کہہ دینا بہتر ہے کہ ادب آپ اپنا مقصد ہے۔ ادیب ہر قید سے آزاد ہے اور کسی کو حق نہیں کہ اس سے بازپرس یا محبت کرے، سوائے دوسرے ادیبوں کے اور خدا انہیں بھی ان کی آزادی مبارک کرے۔

آپ میرے اس بیان سے یہ نہ سمجھیں کہ میرے دل میں ادب یا ادیبوں کی قدر نہیں۔ مجھے شکایت ہے تو یہ کہ ہم ادب کا اور ادیب اپنے فن کا جیسا کہ چاہئے احترام نہیں کرتے۔ میرے خیال میں ادب اور ادیب کے مقصد کی بحث چھڑنے اور جاری رہنے کا ایک بڑا سبب یہ ہے کہ ہم اپنے آپ کو ادب کا خادم نہیں سمجھتے،

ادب کو اپنا خادم بنانا چاہتے ہیں اور اس ظاہری اختیار سے جو ہمیں حاصل ہے کہ جو چاہیں لکھیں اور جس طرح چاہیں لکھیں، دھوکہ کھا کر فرض کر لیتے ہیں کہ ہم میں سے ہر ایک ادب کو ایک نئی شکل دے سکتا ہے۔ ہمارے ادیب اس صلاحیت کو جو انہیں قدرت کی طرف سے ملی ہے، کافی سمجھ کر مشق اور محنت اور کام کی جانچ کو غیر ضروری قرار دیتے ہیں اور انہیں دو چار ہم مذاق مل جائیں تو رائے عامہ کی کوئی پروا نہیں رہتی۔

لیکن زبان اور ادب جماعت کی ملک ہے افراد کی نہیں۔ افراد کو ان کے حسب مقدور اس کا ایک حصہ امانت کے طور ملتا ہے اور اسے وہ چاہیں تو ضائع بھی کر سکتے ہیں۔ اگر وہ ضائع کرنا نہیں چاہتے اور اسے اپنا خاص حق ٹھہرا کر جماعت کے عام خزانے سے الگ رکھنا نہیں چاہتے تو انہیں وہ تمام شرطیں اور پابندیاں قبول کرنا ہوں گی جو جماعت کے کاموں کو جاری رکھنے اور ترقی دینے کے لیے ضروری ہوتی ہیں۔ انہیں زبان کو اس طرح سیکھنا ہو گا جیسے کسی فن کو سیکھتے ہیں۔ غلط اور صحیح میں اسی طرح فرق کرنا اور غلطی سے بچنے کی فکر اسی طرح کرنی ہو گی جیسے کہ نازک آلات بنانے والے کرتے ہیں۔ انہیں ان نمونوں کو جنہیں زبان جاننے والے معیاری مانتے ہیں، اسی طرح ذہن نشین کرنا ہو گا جیسے کہ کسی علم یا فن کے بنیادی اصول ذہن نشین کیے جاتے ہیں اور اپنے ہر کام کو اس سختی سے جانچنا ہو گا جو بے مروت ممتحن کا حصہ مانی جاتی ہے۔

ریاضت کا یہ سلسلہ تکمیل کو پہنچ جائے تب سمجھنا چاہئے کہ شخصیت ظاہر کرنے کا موقع آتا ہے، لیکن یہ شخصیت جو اب ظاہر ہو گی فن کو مٹا کر نہیں، اپنے آپ کو مٹا کر بنی ہو گی۔ اسے اپنی صلاحیتوں کا صحیح اندازہ ہو گا۔ وہ ایسے ہی کام

اٹھائے گی جنہیں انجام دے کر وہ فن کی عزت بڑھا سکے۔ اسے ناکام اور گمنام رہنا گوارا ہوگا مگر وہ اپنی کسی گستاخی سے فن کو بے آبرو نہ کرے گی۔ ایسی شخصیت اپنے مقصد کے بارے میں سوال نہیں کرتی اور دوسرے اس کا مقصد معلوم کرنا چاہیں تو جواب نہیں دیتی۔ اسے اپنے کام سے مطلب ہوتا ہے اور اس کو بہتر سے بہتر انجام دینے سے۔ اس کا مقصد تھا کہ اپنی خاص استعداد کا پتہ چلا لے اور استعداد کے مناسب کام کو سیکھ لے۔ یہ سب منشا ہوگیا تو پھر مقصد کا سوال نہیں رہتا، بس ا ستعداد دکھانے اور فن کی خدمت کرنے کی آرزو ہوتی ہے۔

ہمارے ادیبوں کی تربیت اس نہج پر ہو تو بہت سی پیچیدگیاں جو اس وجہ سے پیدا ہوتی ہیں کہ ادیب اپنے آپ کو فن سے برتر سمجھتے ہیں اور اپنا ہر کام دل میں یہ ٹھان کر کرتے ہیں کہ وہ جماعت اور فن پر ایک احسان کر رہے ہیں، دور ہو جائیں گی۔ یہ مقصد کی بحث بھی جو فطرت اور تہذیب کے خلاف باتیں کرایا کرتی ہے، ختم ہو جائے گی اور ادیب صحیح معنوں میں آزاد ہو جائے گا۔ مگر ٹھہریے ہم کو ایک اوچھے فلسفے نے اس غلط فہمی میں ڈال دیا ہے کہ آزادی ایک اثباتی چیز نہیں ہے، رکاوٹوں کے موجود نہ ہونے کا دوسرا نام ہے۔ اس کا تعلق سیاست اور قانون سے ہے، انسانیت اور تہذیب سے نہیں۔

اب میں آپ سے یہ کیسے کہوں کہ آزاد وہی شخص ہو سکتا ہے جس نے تعلیم کی ساری پابندیاں قبول کی ہوں، اپنی خاص استعداد کا صحیح اندازہ کر لیا ہو، جسے ایسی تربیت دی گئی ہو کہ وہ اپنی استعداد سے پورا کام لے سکے، جس کی جماعت اس کی قدر کرے اور جو فن کو ترقی دینا، جماعت کی خدمت کرنا اپنا منصب جانے۔ میرے ذہن میں آزاد ادیب کا جو تصور ہے وہ ایسے شخص کا ہے جسے اپنی زبان میں پورا ملکہ

ہو، جو اپنے فن کے امکانات سے واقف ہو اور اس سے ایسے کام لینے کا خیال ہی نہ کرے جس کے لیے وہ موزوں نہیں۔ ایسا ادیب کبھی کبھی اپنا اور دوسروں کا جی بہلائے گا، اگر اسے جی بہلانا آتا ہے۔ اپنے کام میں اپنی شخصیت کو ظاہر کرے گا اور جتنا نمایاں اس کا کام ہوگا اتنی ہی نمایاں اس کی شخصیت ہوگی۔ وہ کامل حسن کے دیدار کے لیے تڑپتا رہے گا اور یہ دیدار اسے نصیب ہوا تو وہ اس کے کام کو کامل حسن کا نمونہ بنادے گا۔ ایسے ادیب کو حقیقت کی تلاش ہوگی اور وہ چاہے گا کہ اس کا ہر کام حق کی جستجو میں اسے ایک قدم آگے لے جائے۔

وہ یہ کبھی تصور ہی نہ کرسکے گا کہ انسانی زندگی معنی اور مقصد سے خالی ہوسکتی ہے۔ وہ ظاہری باتوں سے دھوکہ نہ کھائے گا۔ حقیقت نگاری کے بہانے سے حالات کی لاحاصل عکاسی نہ کرے گا اور رومانیت کو اپنا مقصد بتاکر جذبات کو آوارہ نہ چھوڑے گا۔ اسے اپنی خامیوں کا، اپنے علم کی کمی کا ایسا احساس ہوگا کہ وہ رہنما بننے کا حوصلہ نہ کرے گا، مگر اسے اپنے اوپر اتنا قابو ہوگا کہ خالی اور کمی کا احساس فاسد مادہ بن کر اس کی طبیعت میں بگاڑ نہ پیدا کرسکے گا۔ اس کے دل میں فن کی عزت ہوگی اور اس جماعت سے محبت ہوگی جس کی گود میں اس فن نے پرورش پائی ہے۔ جماعت کی دنیا اس کی دنیا ہوگی اور وہ جانتا ہوگا کہ اس دنیا سے الگ اور باہر اس کا وجود محض فرضی ہے۔ جماعت کا دین اس کا دین ہوگا اور وہ جانتا ہوگا کہ جس نے اس دین کو چھوڑا، وہ اگر پیغمبر نہ ہوا تو شیطان بن جائے گا۔

ادیب کو حقیقت کا علم دنیا دیکھ کر نہیں ہوسکتا اور اس کی نظر دنیا ہی پر نہ ہونا چاہئے۔ اس کے لیے خلوص، سچائی، دیانت، ہمت ضروری ہیں مگر کافی نہیں۔ انسانی سیرت کا علم بھی خواہ وہ کتنا ہی گہرا اور مکمل کیوں نہ ہو، ادیب کے لیے کافی نہیں۔

اس لیے کہ انسان کی قدر معین اور معلوم نہیں۔ اس کی شخصیت ایک حالت پر قائم نہیں رہتی اور ادیب کی نظر میں صرف کسی ایک وقت کی کیفیت ہوئی تو اس کے تصورات اور اس کے سارے کام ناقص رہیں گے، اوپر کی تسلی اس کے فن اور اس کی شخصیت کی تکمیل کے لیے لازمی ہے کہ جس طرح اس نے اپنی جماعت کی زبان کو اور اس کے ادب کو قبول کیا ہے اسی طرح وہ اپنی جماعت کے عقائد کو قبول کرے اور اسے یقین ہو کہ ان عقائد پر جیسا کہ چاہیے عمل کیا گیا تو انسانی زندگی کے ابدی مقاصد حاصل ہو جائیں گے۔

ادیب کی طبیعت جو انسانی فطرت کو سمجھنے اور پرکھنے کی خاص صلاحیت رکھتی ہے، جھوٹ اور ریاکاری کو دور سے پہچان لیتی ہے۔ جذبات کی کشمکش جو بے شمار کیفیتیں پیدا کرتی ہے، انہیں محسوس کرتی ہے اور بیان کر سکتی ہے، کبھی اسے گوارا نہ کرے گی کہ وہ ایسے عقائد کو زبان سے صحیح کہے جنہیں وہ دل میں غلط سمجھتا ہو، اس لیے وہ اپنی جماعت کی اور اپنے عقائد کی اس طریقے پر جانچ کرے گا جو اسے آتا ہے اور جماعت پر یہ واضح کرے گا کہ وہ اپنے اصل نمونے سے کس قدر مختلف ہو گئی ہے لیکن آدھی بات کہنے سے بہتر ہے کہ کچھ نہ کہا جائے۔ آدھے راستے تک لے جا کر چھوڑ دینے سے بہتر ہے کہ رہنمائی کا دعویٰ نہ کیا جائے۔

ایسا ادیب اچھا ہو سکتا ہے جو زندگی کا دلچسپ پہلو دیکھے اور دکھائے، مایوسی اور رنج کو ہنسا کر یا جی بہلا کر دور کرے، لیکن اسے سمجھ لینا چاہیئے کہ اس میں بس اسی کی صلاحیت ہے۔ ایسا ادیب بھی اچھا ہو سکتا ہے جو زندگی کے طریقے کا مانے ہوئے اخلاقی اصولوں سے مقابلہ کرے اور اپنی جماعت کا علم عام کر کے طبیعتوں میں گہرائی، تخیل میں وسعت اور برتاؤ میں رواداری پیدا کر سکتا ہے۔ مگر یہیں سے اس

کی دشواریاں بھی شروع ہو جاتی ہیں۔ اس کے لیے خالی اصول معیار کا کام نہیں دے سکتے۔ وہ منطقی یا فلسفی نہیں ہوتا۔ جیسے مصور رنگوں اور سنگ تراش پتھر کے بغیر معذور ہو جاتا ہے، ادیب بھی عقیدے اور اصول کو سمجھ نہیں سکتا جب کہ وہ ان جیتی جاگتی ہستیوں میں مشکل نہ ہو جو اس کی نظر اور دل میں سمائی رہتی ہیں۔

سچا ادیب اس منزل پر پہنچ کر بیٹھ نہیں جاتا اور واپسی کا ارادہ نہیں کرتا۔ جیسے زبان کو سیکھتے وقت اس نے ان صفات کو جم کر مان لیا تھا جو خود اس میں موجود نہ تھیں اور پھر آہستہ آہستہ انہیں اپنے اندر پیدا کیا تھا، ویسے ہی اس مقام پر وہ اس تعلیم کو جو وجدانی یا الہامی علم کی بنا پر دی جاتی ہے، صحیح مان کر اپنے فن کو اس کا رازداں اور حامل بناتا ہے۔ رہنمائی وہ اب بھی نہیں کرتا۔ یہ اس کا منصب نہیں لیکن وہ انسان اور اس کی دنیا کو لاوارث نہیں سمجھتا۔ وہ جانتا ہے کہ جیسا رشتہ اس نے اپنے معبود سے قائم کیا ہے، ویسا ہی رشتہ ہر انسان قائم کر سکتا ہے اور انسان اور اس کی زندگی کی تکمیل یقینی ہے۔ وہ چاہتا ہے کہ انسان اس حقیقت پر دل سے بھروسا کرے اور اس کے جذبات کا سارا کھیل، کائنات کا سارا کاروبار ایک پر اسرار عبادت بن جائے۔

***